AF494758

RECUEIL DE PIÉCES SUR LES OCTROIS DES VILLES,

Et particulierement sur ceux de la Ville de Troyes.

M. DCC. LXIV.

TABLE

DES MÉMOIRES ET PIÉCES contenues en ce Volume.

ÉDIT DU ROI,

Qui ordonne que pendant six années consécutives, à commencer du premier Janvier 1759, il sera payé au Roi un Don gratuit par toutes les Villes, Fauxbourgs & Bourgs du Royaume.

Donné à Versailles au mois d'Août 1758.

Registré en Parlement, Chambre des Comptes & Cour des Aydes.

LOUIS, par la grace de Dieu Roi de France & de Navarre : A tous présens & à venir, SALUT. Pendant les guerres que le feu Roi notre très-honoré Seigneur & bisayeul a eu à soutenir, il a trouvé des ressources assurées pour subvenir aux dépenses qu'elle occasionnoient, dans les Dons gratuits qui lui ont été accordés par les villes & bourgs de notre Royaume. Nous ne pouvons douter que le zèle & l'amour de nos ſujets ne les portent à nous donner un égal ſecours, pour remplacer, pendant quelques années, une partie des aliénations que nous avons été obligés de faire de nos revenus ordinaires dans les circonſtances préſentes. Nous avons lieu d'attendre des habitans des villes & bourgs de notre Royaume le même témoignage de fidélité & d'affection, & nous pouvons y compter avec d'autant plus de confiance, qu'en prenant les armes, nous avons eu uniquement en vûe le maintien des traités, la ſûreté du commerce, la conſervation de nos poſſeſſions, & le bonheur de nos peuples. A CES CAUSES & autres à ce nous mouvant, & de notre certaine ſcience pleine puiſſance & autorité Royale, nous avons, par le préſent édit, perpétuel & irrévocable, dit, ſtatué & ordonné, diſons, ſtatuons & ordonnons, voulons & nous plaît ce qui ſuit:

ARTICLE PREMIER.

Que pendant le temps de six années consécutives, à compter du premier Janvier prochain; il nous soit annuellement payé, à titre de Don gratuit extraordinaire, par les villes, fauxbourgs & les bourgs de notre Royaume, Pays, Terres & Seigneuries de notre obéissance, les sommes pour lesquelles lesdites villes & bourgs sont employés dans l'état arrêté en notre Conseil, demeuré joint & annexé à notre présent édit, en ce qui concerne les villes & bourgs situés dans le ressort de notre Parlement de Paris.

II.

Pour procurer auxdites villes, fauxbourgs & bourgs, la facilité de nous payer annuellement, pendant lesdites six années, les sommes portées par ledit état, les Maires, Echevins, Jurats, Capitouls, Consuls, Syndics & anciens habitans de chacune desdites villes & bourgs, seront tenus, immédiatement après la publication de notredit présent édit, de s'assembler; pour délibérer en corps, sur quelles denrées & marchandises de leur consommation ils auront à nous proposer d'établir un octroi; lesquelles délibérations seront dans un mois, du jour de ladite publication, adressées au sieur Contrôleur général de nos Finances: pour, sur le rapport qui nous en sera par lui fait, être par nous statué sur la levée dudit octroi: Faute par lesdits habitans d'y satisfaire dans ledit terme, il y sera par nous pourvû; & dans l'un ou l'autre cas, les tarifs qui auront été arrêtés en notre Conseil pour la levée dudit octroi, seront confirmés par nos lettres, lesquelles nous adresserons à notre Cour de Parlement, pour y être registrées.

III.

Les droits qui seront établis en vertu de notredit présent édit, seront payés par toutes sortes de personnes, de quelque état, qualité & condition qu'elles soient, exemptes & non-exemptes, privilégiées & non-privilégiées, même par les Ecclesiastiques, les Nobles & les Communautés religieuses séculieres & régulieres ; à l'exception seulement des Hôpitaux & Hôtels-Dieu, pour leur consommation particuliere ; dérogeant à cet effet à tous édits, déclarations, réglemens & autres choses à ce contraires, sans tirer à conséquence pour tous autres priviléges, droits ou exemptions : le tout à peine de confiscation des marchandises & denrées qui seront assujetties audit octroi, & pour lesquelles les droits qui en feront partie n'auroient pas été payés, ensemble des voitures sur lesquelles lesdites marchandises & denrées auront été amenées ou apportées, & de deux cens livres d'amende contre chacun des contrevenans, & pour chacune des contraventions qui seront commises. A l'expiration desquelles six années ledit octroi cessera d'être levé & perçû, pour ne pouvoir être à l'avenir continué après ledit tems, pour quelque cause & sous quelque prétexte que ce puisse être. Si donnons en mandement à nos amez & feaux Conseillers les gens tenant notre Cour de Parlement, Chambre des Comptes & Cour des Aydes à Paris, que notre présent édit ils ayent à faire lire, publier & registrer, & le contenu en icelui garder, observer & exécuter de point en point selon sa forme & teneur; cessant & faisant cesser tous trouble & empêchemens qui pourroient être mis ou donnés; nonobstant tous édits, déclarations, réglemens, & autres choses à ce contraires, auxquels Nous avons dérogé & dérogeons par notredit présent édit. CAR TEL EST NOTRE PLAISIR : Et afin que ce soit chose ferme & stable à toûjours, Nous y avons fait mettre notre scel. DONNÉ à Versailles au mois d'Août, l'an de grace mil sept cent cinquante-huit, & de notre Régne le quarante-troisiéme. *Signé* LOUIS. *Et plus bas*, Par le Roi, PHELYPEAUX. *Visa*, LOUIS. Vû au Conseil, BOULLOGNE. Et scellé du grand sceau de cire verte en lacs de soie rouge & verte.

Registré, oui, ce requérant le Procureur gé-

néral du Roi, pour être exécuté selon sa forme & teneur, à la charge que les droits qui seront établis en exécution du présent édit, ne seront perçus que, préalablement le tarif général de la cotisation de toutes les villes & bourgs du Royaume, sujets auxdits droits, n'ait été adressé à la Cour: A la charge pareillement, qu'aux assemblées qui se tiendront dans chaque ville & bourg, en exécution dudit édit, pour déterminer le genre des denrées qui seront imposées pour remplir la cotisation de chaque ville ou bourg, les Officiers royaux, Juges des lieux & Notables seront appellés; COMME AUSSI *à la charge que le recouvrement du droit qui sera établi dans chaque ville ou bourg, ne pourra être fait que par ceux qui sont ou seront préposés par les Officiers municipaux, ou ceux qui les représentent; lesquels préposés remettront la somme à laquelle ladite ville ou bourg sera imposée, conformément au tarif, à qui par le Roi sera ordonné; &* COMPTERONT *annuellement du produit dudit droit en présence des Maire & Echevins, suivant l'usage, auxquels comptes les Officiers royaux, Juges des lieux & Notables seront pareillement appellés.*

Et qu'où il plairoit audit Seigneur Roi, d'aliéner tout ou partie desdits droits, les villes & bourgs seront préférés pour le rachat, à l'effet de quoi ils seront autorisés à emprunter les sommes nécessaires pour ledit rachat.

Et afin que les amendes & confiscations qui seront prononcées dans les cas portés audit édit, seront appliquées au profit des villes & bourgs, dans l'étendue desquels la contravention aura été commise.

Et en outre, à la charge pareillement, qu'en cas de contestations, soit relativement à la perception, soit relativement aux comptes, soit aussi aux amendes, il y sera pourvû par les Juges qui en doivent connoître, conformément aux ordonnances; & copies collationnées envoyées aux Bailliages & Sénéchaussées du ressort, pour y être lûes, publiées & registrées: Enjoint aux Substituts du Procureur général du Roi, d'y tenir la main, & d'en certifier la Cour dans le mois, suivant & conformément à l'arrêt de ce jour. A Paris, en Parlement, toutes les Chambres assemblées, le premier Septembre mil sept cent cinquante-huit.

Signé, DUFRANC.

LETTRES PATENTES DU ROI,

Concernant l'abonnement de la ville de Troyes.

Données à Verſailles le 29 Mars 1759.

LOUIS, par la grace de Dieu, Roi de France & de Navarre : A nos amés & féaux Conſeillers les gens tenans notre Cour de Parlement, Chambre des Comptes & Cour des Aydes à Paris ; SALUT. Par notre déclaration du 3 Janvier dernier, rendue en interprétation de notre édit du mois d'Août précédent, par vous regiſtrées, Nous avons ordonné que pendant ſix années conſécutives, il nous ſeroit payé à titre de don gratuit, par toutes les villes, fauxbourgs, bourgs & dépendances, compris dans l'état de fixation annexé à notredite déclaration, les ſommes portées audit état de fixation, & que pour leur en faciliter le payement les droits compris au tarif aussi annexé à notredite déclaration, seroient perçus à leur profit pendant ledit temps; & les Maire & Echevins de notre ville de Troyes ayant offert de nous payer par forme d'abonnement dans le cours de trois mois la somme de cent quarante mille livres, pour tenir lieu de celle de quarante mille livres payable par chacune desdites six années, pour lesquelles notredite ville est comprise audit état de fixation, s'il nous plaisoit de les autoriser à emprunter ladite somme à constitution de rentes au denier vingt, ou par promesses, avec privilege pour raison dudit emprunt sur le produit desdits droits énoncés audit tarif, de toutes personnes, même des étrangers, & des Communautés religieuses, séculieres ou régulieres, avec exemption des deux vingtiémes, & deux sols pour livre du dixiéme, affranchissant lesdites rentes de tous droits d'amortissement, d'aubaine, batardise, deshérence, de marque, de confiscation, de représailles & autres; & attendu que les droits sur les bois à brûler pourroient porter un préjudice considérable aux manufactures de notre ville & de ses fauxbourgs, en exempter les entrepreneurs, sur les quantités nécessaires à l'exploitation desdites manufactures, lesquelles seront attribuées par lesdits Maire & Echevins; exempter aussi des droits portés par le tarif, les bois œuvrés & à œuvrer, & les foins, à l'exception néanmoins du foin & du bois à brûler, que les hôteliers, aubergistes & habitans de notredite ville & desdits fauxbourgs feront entrer pour la provision & la consommation de leurs maisons, desquelles provisions ils seront tenus de faire à l'arrivée leur déclaration au bureau le plus prochain, & de payer les droits, sous peine de deux cens livres d'amende contre chaque contrevenant, & pour chaque contravention, conformément à notredit édit du mois d'Août dernier, si mieux ils n'aiment s'abonner avec lesdits Maire & Echevins; & voulant traiter favorablement notredite ville de Troyes, nous avons par l'arrêt de notre conseil de cejourd'hui, accepté les offres desdits Maire & Echevins, sur lequel arrêt nous avons par icelui ordonné que toutes lettres nécessaires seroient expédiées; & voulant pourvoir à l'exécution de notredit arrêt, dont une copie en parchemin est ci-attachée sous le contre scel de notre Chancellerie, nous avons par ces présentes signées de notre main, ordonné & ordonnons, qu'en payant par lesdits Maire & Echevins de notredite ville de Troyes ladite somme de cent quarante mille livres, moitié comptant, & l'autre moitié le 15 du mois de Juin prochain, ès mains de Jean Faydi, commis à cet effet, par l'arrêt de notre Conseil du 26 Décembre dernier, sur ses récepissés ou ceux de ses commis ou préposés, portant promesse d'en fournir quittance du garde de notre trésor royal, suivant le rôle qui en sera arrêté en notre Conseil, notredite ville jouira des susdits droits, pendant le tems fixé par notre déclaration, pour lui faciliter & accélérer lequel payement, nous avons permis & permettons auxdits Maire & Echevins, d'emprunter ladite somme de cent quarante mille livres, à conſtitution de rentes au denier vingt, ou par promeſſes, avec privilége pour raiſon dudit emprunt ſur le produit deſdits droits en faveur des prêteurs & conſtituans, même des étrangers qui ſeroient ſujets des Princes ou Etats avec leſquels nous ſommes ou pourrions entrer en guerre, & des Communautés religieuſes, ſéculieres ou régulieres, ayant affranchi & affranchiſſant ledit emprunt des deux vingtiémes, & deux ſols pour livre du dixiéme, de tous droits d'amortiſſemens, d'aubaine, bâtardiſe, deshérence, de marque, de confiſcation, de repréſailles & tous autres, à la charge par leſdits Maire & Echevins, de rembourſer dans le courant deſdites ſix années, les capitaux & intérêts deſdites rentes ou promeſſes, ſur le produit deſdits droits, en un ou pluſieurs payemens, par la voye du ſort ou autrement, ainſi qu'il conviendra mieux aux intérêts de notredite ville, & aux acquéreurs deſdites rentes ou promeſſes, au moyen de quoi nous avons permis & permettons auxdits Maire & Echevins, de faire cesser la perception des droits sur les bois à brûler, œuvrés & à œuvrer, & sur les foins, aux exceptions ci-devant énoncées, & de faire à cet effet les conventions & abonnemens qu'ils estimeront les plus avantageux à notredite ville, conformément à notredit arrêt de cejourd'hui. Si VOUS MANDONS, que ces présentes vous ayez à registrer, & le contenu en icelles garder & exécuter selon leur forme & teneur : CAR tel est notre plaisir. DONNÉES à Versailles le vingt-neuviéme jour de Mars, l'an de grace mil sept cent cinquante-neuf, & de notre regne le quarante-quatriéme. *Signé*, LOUIS. *Et plus bas*; par le Roi. PHÉLYPÉAUX. Et scellées du grand Sceau de cire jaune.

Registrées, ce requérant le Procureur général du Roi, &c. A Paris, en Parlement, toutes les Chambres assemblées, le treize Juillet mil sept cent cinquante-neuf. Signé, *YSABEAU.*

ARRESTS DU CONSEIL D'ÉTAT DU ROI,

Portant établissement, au profit de la ville de Troyes, d'un octroi, pendant huit années, à commencer au premier Janvier 1763, pour le remboursement des dettes de ladite ville.

Du 9 Février & 26 Décembre 1762.

Extrait des Registres du Conseil d'État,

Du 9 Février 1762.

SUR la requête présentée au Roi, en son Conseil, par les Maire & Echevins de la ville de Troyes, contenant que cette ville, indépendamment de ses charges ordinaires & indispensables, est encore obligée d'entretenir différens ouvrages publics, entr'autres dix-sept mille toises de chaussées, cinquante-trois ponts & trois écluses, construites pour soutenir les eaux de la Seine, & en faire la diſtribution dans les canaux qui les conduiſent autour de cette ville, & dans ſes différens quartiers; trois de ces ponts tombans en ruine, ils ont été obligés de les faire reconſtruire, ce qui leur a occaſionné une dépenſe de 204123 livres: pour y ſubvenir, Sa Majeſté a bien voulu leur permettre de percevoir pendant vingt années, à commencer au premier Octobre 1756, le doublement des anciens droits de rouage qui leur appartiennent, & d'emprunter 150000 livres, à conſtitution de rente; mais ils n'ont pu payer juſqu'à préſent que les arrérages des rentes, & 163923 livres ſur les 204123 livres. Sa Majeſté ayant depuis ordonné qu'il lui ſeroit payé, pendant ſix années, un Don gratuit par les Villes compriſes dans l'état arrêté à cet effet au Conſeil, la ville de Troyes y fut employée pour 240000 livres; mais les Suppplians ont obtenu de la bonté de Sa Majeſté, que cette ſomme demeureroit réduite à celle de 140000 livres, avec la permiſſion d'en faire l'emprunt

prunt à conſtitution de rente : le Roi a bien voulu en même temps permettre à ladite ville, de lever & percevoir à ſon profit, les droits établis pour le payement du don gratuit, juſqu'au rembourſement des 140000 livres, & des arrérages des rentes. Les Supplians ſe flattoient, avec ce ſecours, de libérer entierement ladite ville, & ils y ſeroient indubitablement parvenus, ſi la Compagnie des Gardes du Corps qu'il a plû à Sa Majeſté d'envoyer en quartier à Troyes, ne les avoit obligés à faire de nouvelles dépenſes. L'établiſſement de cette Compagnie a couté à la ville environ 40000 livres, & il lui en coute encore près de 12000 par an, pour l'entretien de ſes logemens, écuries, manéges & greniers : ce ſervice etant urgent, les Maire & Echevins y ont employé leur revenu ordinaire, & une partie des fonds provenans de leurs nouveaux octroi ; en ſorte qu'ils n'ont pu payer que 90000 liv. ſur les 140000 empruntés pour le don gratuit, avec les arrérages des rentes conſtituées pour cet objet ; en ſorte qu'ils doivent aujourd'hui 200000 liv. ſur les deux principaux de 150000 & de 140000 livres ; plus de 40200 livres à l'entrepreneurs de leurs trois ponts, 10000 livres à l'entrepreneur d'un autre pont qu'ils n'ont pu ſe diſpenſer de faire reconſtruire, à la porte de Croncels ; 7466 livres pour le rachat de l'homme vivant & mourant qu'ils étoient obligés de donner au Roi pour les offices municipaux réunis à cette ville ; ils devoient précédemment 17000 livres empruntés en 1754, pour le rachat des mêmes offices, & ils ſe trouvent dans la néceſſité de faire une nouvelle dépenſe de 13270 livres pour le rétabliſſement d'une chauſſée, néceſſaire pour ouvrir une communication entre deux de leurs portes ; toutes ces ſommes réunies forment celle de 287936 livres, dont la ville de Troyes eſt à préſent redevable : elle doit d'ailleurs des indemnités aux propriétaires des différens terreins qui ont été pris pour la conſtruction de pluſieurs ouvrages ; ces indemnités ſont encore à régler, & il eſt impoſſible que les Maires & Echevins acquittent des dettes ſi conſidérables, ſans avoir recours à un nouvel octroi; requeroient, à ces cauſes, les Supplians, qu'il plût à Sa Majeſté leur permettre de lever & faire percevoir au profit de ladite ville de Troyes, pendant huit années entieres & conſécutives, à compter du premier Janvier 1763, ſur les denrées qui entreront & ſe conſommeront dans ladite ville, fauxbourgs & dépendances d'icelles, les droits ci-après; ſçavoir : par chaque muid de vin entrant ou façonné dans ladite ville, fauxbourg & dépendances, trente ſols; par chaque muid jauge de Ricey, vingt-cinq ſols & autres jauges à proportion; par muid de vendange jauge de Paris, entrant dans la ville de Troyes, fauxbourgs & dépendances, vingt ſols; par muid jauge de Ricey, ſeize ſols huit deniers, & les autres à proportion; par muid de bierre ou cidre entrant ou fabriqué dans ladite ville, meſure de Paris, quinze ſols; par muid jauge de Ricey, douze ſols ſix deniers; par velte d'eau-de-vie ou liqueur composée d'eau-de-vie, mesure de Paris, huit sols, ce qui fera douze livres par muid jauge Ricey; par muid de liqueur jauge Paris, six livres; par bœuf ou vache, quarante sols; & par chaque veau, genisse ou porc, treize sols quatre deniers; par chaque mouton, brebis ou chêvre, cinq sols; & pour les morceaux de viande, à proportion; lesquels droits seront payés & acquittés, même sur les bestiaux qui seront exposés sur le marché public appellé le Ravelin: par chaque voiture de foin, dix sols; par voiture de bois œuvré, à ouvrer ou à brûler, attelée de trois chevaux, dix sols; par voiture attelée de deux chevaux, sept sols six deniers; par voiture attelée d'un cheval, cinq sols, & par chaque somme ou charge, à proportion; tous lesquels droits seront pareillement payés aux portes, à l'arrivée, par toutes personnes exemptes & non-exemptes, privilégiées & non-privilégiées, sans distinction, à l'exception des Hôpitaux, lesquels en seront dispensées: les Supplians offrant d'employer les sommes provenans desdits droits à l'acquittement des dettes de ladite ville, & aux réparatious urgentes & indispensables dont elle est tenue, & de rendre compte du produit & de l'emploi d'iceux devant le sieur Intendant & Commissaire départi en la province de Champagne. Vû ladite requête & les arrêts y énoncés, ensemble l'avis du sieur de Saint Contest de la Chataigneraye, Intendant & Commissaire départi dans la généralité de Châlon : Oui le rapport du sieur Bertin, Conseiller ordinaire au Conseil Royal, Contrôleur général des finances; LE ROI ÉTANT EN SON CONSEIL, ayant égard à ladite requête, a permis & permet aux Maire & Echevins de le ville de Troyes, de lever & percevoir, au profit de ladite ville, pendant huit années consécutives, à commencer au premier Janvier mil sept cent soixante-trois, les droits ci-après, sur les denrées qui entreront & se consommeront dans ladite ville, fauxbourgs & dépendances d'icelles; sçavoir, par chaque muid de vin entrant ou façonné dans cette ville, fauxbourgs & dépendances, trente ſols; par muid jauge de Ricey, ſeize ſols huit deniers, & les autres jauges, à proportion; par muid de bierre ou cidre, meſure de Paris, quinze ſols; par muid jauge Ricey, douze ſols ſix deniers; par velte d'eau-de-vie, ou liqueurs compoſée d'eau-*pe*-vie, meſure de Paris huit ſols; ce qui fera douze livres par muid jauge de Ricey; par muid de liqueur jauge Paris, ſix livres; par bœuf ou vaches, quarante ſols; par veau, geniſſe ou porc, treize ſols quatre deniers; par chaque mouton, brebis ou chêvre, cinq ſols; & par chaque morceau de viande, à proportion; leſquels droits ſeront payés, même ſur les beſtiaux qui ſeront expoſés ſur le marché public appellé le Ravelin: par chaque voiture de foin, dix ſols; par voiture de bois ouvré, ou à ouvrer, & a brûler, attelée de trois chevaux, dix ſols; par voiture attelée de deux chevaux, ſept ſols ſix deniers; par voiture attelée d'un cheval, cinq ſols, & par chaque ſomme ou charge, à proportion: tous lesquels droits seront payés & acquittés aux portes, à l'arrivée, par toutes personnes exemptes & non-exemptes, privilégiées, sans distinction, à l'exception des Hôpitaux, lesquels en demeureront dispensés; pour être le produit desdits droits employé au payement des principaux des dettes de ladite ville, mentionnées dans ladite requête, sans pouvoir être distrait ni employé à aucun autre usage, sous quelque prétexte que ce soit ou puisse être, & à la charge de rendre compte du produit & de l'emploi desdits droits devant le sieur Intendant & Commissaire départi dans la généralité de Châlon: Veut au surplus, Sa Majesté, que, conformément à la déclaration du 3 Février mil sept cent soixante, il soit levé & perçu, à son profit, jusqu'au dernier Septembre mil sept cent soixante-dix, un vingtiéme ou sol pour livre, en sus desdits octrois, par ceux qui seront chargés, à titre de ferme ou autrement, de la levée du droit principal, pour en être par eux le produit remis, au fur & à mesure de la perception, entre les mains de Jean Vallade, ſes commis ou prépoſés; chargé par arrêt du Conſeil, du 13 Mai mil ſept cent ſoixante, de la régie & perception dudit vingtiéme ou ſol pour livre, ou à ceux qui ſeront ſubrogés par la ſuite audit Vallade. Enjoint Sa Majeſté audit ſieur Intendant & Commiſſaire départi, de tenir la main à l'exécution du préſent arrêt, nonobſtant toutes oppoſitions ou empêchemens généralement quelconques, pour leſquels ne ſera différé, & dont, ſi aucuns interviennent, Elle s'en eſt réſervé la connoiſſance & à ſon Conſeil; Icelle interdiſant à toutes ſes Cours & Juges. Fait au Conſeil d'Etat du Roi, Sa Majeſté y étant, tenu à Verſailles, le 9 Février mil ſept cent ſoixante-deux.

Signé, PHELYPEAUX.

Henry-Louis de Barberie de Saint Conteſt, Chevalier, Seigneur de la Chataigneraye, & autres lieux, Maître des Requêtes, & Intendant de la Province & Frontieres de Champagne; Vû l'arrêt du Conſeil d'État du Roi, du neuf Février dernier, rendu ſur la requête des ſieurs Maire & Echevins de la ville de Troyes; Nous ordonnons que ledit arrêt ſera exécuté ſuivant ſa forme & teneur; & enjoignons au premier Huiſſier ſur ce requis, de faire en conſéquence tous actes néceſſaires. Fait à Châlons, le quatre Mars mil ſepi cent ſoixante-deux.

Signé., DE BARBERIE.

EXTRAIT
DES REGISTRES
DU CONSEIL D'ÉTAT,

Du 26 Décembre 1762

SUR la requête préſentée au Roi en ſon Conſeil par les Maire & Echevins de la ville de Troyes, contenant que pour les mettre en état de faire face aux dépenſes indiſpenſables dont cette ville eſt tenue, ſoit à l'occaſion d'une Compagnie de Gardes du Corps du Roi, qui y a été établie depuis peu; ſoit par rapport à l'entretien de dix-ſept mille toiſes de chauſſée, de 53 ponts, de 5 écluſes & de pluſieurs canaux, Sa Majesté a bien voulu, par un arrêt de son Conseil, du 9 Février dernier, leur permettre de lever & percevoir, pendant huit années consécutives, à commencer au premier Janvier de l'année 1763, plusieurs octrois sur les denrées de consommation exprimées audit arrêt; mais quoique l'intention de Sa Majesté ait été que ces droits fussent levés & perçus, conformément aux conclusions prises par les Supplians, dans leur requête, il est arrivé, par un vice de clerc, qui s'est glissé dans le dispositif dudit arrêt, qu'on a sauté deux lignes & plus, qui priveroient ladite ville d'une partie du secours que le Roi a bien voulu lui procurer, s'il n'y étoit promptement remédié: en effet, par rapport aux droits sur les boissons, les Supplians avoient requis qu'il leur fût permis de lever & percevoir sur chaque muid de vin, entrant ou façonné dans ladite ville de Troyes, fauxboutgs & dépendances d'icelle, pour y être consommé, trente sols par muid; jauge de Ricey; une livre cinq sols; & les autres jauges à proportion ; pour un muid de vendange, jauge de Paris, entrant dans ladite ville de Troyes fauxbourgs & dépendances, vingt ſols ; pour un muid de vendange, jauge de Ricey, ſeize ſols huit deniers ; & les autres jauges à proportion.

Cet énoncé comprend quatre article de droit, au lieu deſquels par inadvertance, le copiſte a mis .... par chaque muid de vin, entrant ou façonné dans cette ville, fauxbourgs & dépendances, trente ſols ; par muid, jauge de Ricey, ſeize ſols huit deniers ; & les autres jauges à proportion, il eſt donc clair & indubitable qu'il y a, par rapport à ce ſeul objet, deux articles oubliés en entier ; ſçavoir, ... par muid, jauge de Ricey, une livre cinq ſols, & les autres jauges à proportion ; pour un muid de vendange, jauge de Paris, entrant dans ladite ville de Troyes, fauxbourg & dépendances, vingt ſols ; pour un muid de vendange, jauge de Ricey, &c. & comme cette obmiſſion a été faire, tant ſur la minute du Conſeil, que ſur l'expédition en parchemin dudit arrêt, elle ne peut être rectifiée que par un second arrêt, que Sa Majesté est très-humblement suppliée de vouloir bien faire expédier : Vû ladite requête, signée, Camusat, Maire, Calabre, Fromageot & Truëlle, Echevins ; ledit arrêt du Conseil du 9 Février 1762, & autres piéces ; Oui le rapport du sieur Bertin, Conseiller ordinaire au Conseil Royal, Contrôleur général des Finances, LE ROI ÉTANT EN SON CONSEIL, en interprétant, en tant que besoin est, ledit arrêt du 9 Février dernier, a ordonné & ordonne que, pendant huit années entieres & consécutives, à commencer au premier Janvier prochain, il sera levé & perçu, à titre d'octroi, sur chaque muid de vin, entrant ou façonné dans ladite ville de Troyes, fauxbourgs & dépendances d'icelles, pour y être consommé, trente sols ; par muid, jauge de Ricey, une livre cinq sols ; & les autres jauges à proportion ; pour un muid de vendange, jauge de Paris, entrant dans ladite ville de Troyes, fauxbourgs & dépendances, vingt sols, pour un muid de vendange, jauge de Ricey, ſeize ſols huit deniers; & les autres jauges à proportion; & ſera au ſurplus, ledit arrêt du Conſeil du 9 Février dernier, exécuté ſelon ſa forme & teueur : Enjoint au ſieur Intendant & Commiſſaire départi en Champagne, de tenir la main à l'exécution du préſent arrêt, en la même forme & maniere preſcrite par celui du 9 Février dernier. Fait au Conſeil d'État du Roi, Sa Majeſté y étant, tenu à Verſailles, le vingt-ſix Décembre mil ſept cent ſoixante-deux.

Signé, PHELYPEAUT.

Vû par Nous Intendant de la Province & Frontieres de Champagne, l'arrêt ci-deſſus & d'autres parts; Nous ordonnons qne ledit arrêt du Conſeil d'État, du vingt-ſix Décembre du préſent mois, ſera exécuté ſuivant ſa forme & teneur, & qu'il ſera imprimé, publié & affiché aux portes de la ville de Troyes, & par-tout où il ſera jugé convenable. Fait à Châlons, le trente-un Décembre mil ſept cent ſoixante-deux.

Signé, DE BARBERIE.

ACTE D'UNION

Des Corps Séculiers & Réguliers de Troyes, & de nomination de Syndics pour former & ſuivre l'oppoſition à l'arrêt ci-deſſus.

Du 12 Mars 1763.

PARDEVANT les Notaires & Tabellions royaux en la ville & bailliage de Troyes, ſouſſignés, ont comparu Meſſieurs les vénérables Chanoines & Chapitre de l'Egliſe Cathédrale de Troyes, dont le Doyenné eſt vacant, par Me Jean-Baptiſte Langlois, Prêtre l'un d'eux & Syndic actuel dudit Chapitre, demeurant à Troyes; Meſſieurs les vénérables Doyen, Chanoines & Chapitre de l'inſigne Egliſe royale & collégiale de ſaint Etienne de Troyes, par Me René Gayat, Prêtre, Chanoine d'icelle Egliſe & Syndic actuel dudit Chapitre, demeurant à Troyes; & Meſſieurs les vénérables Doyen, Chanoines & Chapitre de l'Egliſe Papale, ſéculiere & collégiale de ſaint Urbain de

Troyes, par Me Joseph Maimart, Prêtre l'un d'eux & Syndic actuel dudit Chapitre, demeurant à Troyes; Messieurs les Prieur & Chanoines réguliers de l'abbaye royale de saint Loup de Troyes, par Me Jacques-Charles Cobert, Prêtre, Chanoine régulier & Prieur de ladite abbaye, y demeurant.

Mrs les Prieur & Chanoines réguliers de l'abbaye de St Martin-ès-Aires de Troyes, par Me Pierre-François Raulin, Prêtre, Chanoine régulier & Prieur de ladite abbaye, y demeurant.

Mrs les Ministre, Prieur & Chanoines réguliers du Prieuré de saint Jacques, de l'Ordre de la très-Sainte Trinité, fauxbourg de Troyes, par Me Alexandre Lamaniere, Prêtre, Chanoine régulier dudit ordre, Ministre & Prieur dudit Prieuré, y demeurant.

Mrs les Commandeur & Chanoines réguliers de la Commanderie de saint Antoine-les-Troyes, par Me Joseph-François Duquesne, Prêtre, Chanoine régulier & Commandeur de ladite Commanderie, y demeurant.

Les nobles & bourgeois de ladite ville de Troyes, par Jacques-Henry Camusat, écuyer, seigneur de Riancey, demeurant à Troyes, & Me Pierre-Jean Grosley, Avocat en Parlement, demeurant en ladite ville.

Mrs les Officiers de la Maîtrise des Eaux & Forêts de Troyes, par Me Jean-Baptiste Vauthier, Conseiller du Roi, Maître particulier en ladite Maîtrise, demeurant à Troyes.

Mrs les Officiers de la Monnoie de Troyes, par M. Charles-Nicolas Lefebvre, Avocat en Parlement, Conseiller du Roi, Juge-Garde de ladite Monnoie, demeurant à Troyes.

M. ...... Charlot, Conseiller du Roi, Président au Grenier à sel de Troyes, y demeurant.

Mrs les Officiers du Siége des Traites foraines établi à Troyes, par Me Antoine-Nicolas Gonthier, Conseiller du Roi, Président audit Siége, demeurant à Troyes.

La Communauté des Procureurs aux Bailliage & Siége Présidial de Troyes, par Me Antoine Bourgoin, leur receveur, demeurant

demeurant à Troyes; & la Communauté des marchands Bouchers de ladite ville, fauxbourgs & banlieue de Troyes, par ſieur Nicolas Dereins l'aîné, Maître-Garde actuellement en charge de ladite Communauté, ſieur Simon Simon ſon Lieutenant, Louis Broué & Edme Doublet Prudhommes, en charge, & Auguſtin Cligny, l'un des ſupots de ladite communauté, demeurant tous à Troyes.

La Communauté des marchands Vinaïgriers en ladite ville, fauxbourgs & banlieue de Troyes, par ſieur Pierre-Claude Millard, Maître-Garde actuellement en charge d'icelle Communauté, demeurant à Troyes.

La Communauté des maîtres Tonnelliers de Troyes, par ſieur Jean Prorille, dit Labbé, Maître-Garde actuellement en charge de ladite Communauté, demeurant à Troyes.

La Communauté des maîtres Charpentiers de Troyes, par ſieur Nicolas Thiot & François Debuſſe, Maîtres-Gardes actuellement en charge de ladite communanté, demeurant à Troyes.

Les manans, habitans & communauté des faux-Fossés-saint Nicolas de ladite ville de Troyes, par Nicolas Gombault, leur Syndic actuel, demeurant audit lieu des faux-Fossés.

Et les manans, habitans & communauté des Tauxelles & Chailloüet, Paroisse saint Nicier de ladite ville de Troyes, par Nicolas Jacques & Nicolas Veron, Syndics actuels desdites communautés & habitans, demeurant ledit Jacques aux Tauxelles, & ledit Veron audit lieu de Chailloüet.

Lesquels nous ont déclaré que, sur l'avis que lesdits chapitres, corps & communautés ont eu que les sieurs Maire & Echevins de cettedite ville de Troyes, sous prétexte de prétendus besoins, avoient dessein de se pourvoir pour obtenir la prorogation de la perception des droits établis aux entrées de cette ville sur les bestiaux, vins & autres, à l'occasion du Don gratuit demandé par Sa Majesté, & fourni par ladite ville de Troyes; chacun desdits chapitres, corps & communautés se seroit assemblé en particulier pour déliberer sur cette entreprise desdits Maire & Echevins ; & comme le produit des droits perçus aux entrées de ladite ville, depuis l'établissement d'iceux jusqu'à présent, leur a paru plus que sufisant pour remplir la somme fournie à Sa Majesté, à titre de Don gratuit, & que l'expérience de quatre années a fait sentir auxdits chapitres, corps & communautés combien la perception desdits droits étoit onéreuse & préjudiciable au général & aux particuliers de cette ville, tous se sont unanimement déterminés à s'opposer formellement à ce qu'on continuât ladite perception, à quelques titres & sous quelques dénominations que ce puisse être, avec d'autant plus de raison que lesdits corps, chapitres & communautés sont informés que les sieurs Maire & Echevins de cette ville abusent de ladite perception, soit en favorisant quelques particuliers, soit en détournant partie du produit desdits droits à des depenses aussi inutiles qu'onéreuses à la ville. Mais comme quelques justes & légitimes que soient les motifs qui font agir lesdits chapitres, corps & communautés ; il est à craindre que malgré leurs oppositions, les sieurs Maire & Echevins ne parviennent à surprendre de Sa Majesté, ou de son Conseil, quelques ordres contraires & préjudiciables au bien & avantage de ladite ville : lesdits corps, chapitres & communautés ont resolu de faire toutes les demarches, diligences & poursuites nécessaires pour empêcher lesdits sieurs Maire & Echevins de réussir dans leur dessein : c'est pourquoi, & afin de soutenir de concert leur opposition, lesdits chapitres, corps & communautés ont jugé à propos de se réunir pour agir conjointement dans une affaire aussi importante, & qui n'intéresse pas seulement chacun des chapitres, corps & communautés en particulier, mais qui les concerne tous en général ; en conséquence lesdits sieurs Langlois, Maimart, Cobert, Raulin, Lamaniere, Duquesne, Camusat de Riancey, Vauthier, Lefebvre, Grosley,

Charlot, Gonthier, Bourgoin, Dereins, Simon, Broué, Doublet, Cligny, Millard, Prorille, Thiot, Debreſſe, Gombault, Jacques & Veron èſdits noms, & pour les chapitres, corps & communautés qu'ils repréſentent, comme devant eſt dit, ſont volontairement convenus, qu'à compter de ce jour les différentes oppoſitions formées par chacun deſdits corps, chapitres & communautés ſéparement, ſeront ſoutenues en commun & à communs frais; & à cet éffet leſdits ſieurs comparans, eſdits noms & qualités, ont choiſi & nommé leſdits ſieurs Langlois, Maimart, Camuſat de Riancey, Vauthier, Lefebvre & Groſley, ſix dentr'eux pour en qualités de Procureurs ou Syndics deſdits chapitres, corps, compagnies & communautés préſentement réunis, faire tout ce qu'il conviendra au ſujet ci-deſſus; & en conſéquence ont donné donnent par ces préſentes pouvoir auxdits ſieurs Langlois, Maimart, Camuſat de Riancey, Vauthier, Lefebvre & Groſley, ce acceptans, de, pour & aux noms deſdits chapitres, corps, compagnies & communautés réunis, réiterer, si besoin est, les oppositions déja formées de leur part à l'établissement & perception d'aucuns droits aux entrées de cette ville, sous quelques denominations que ce puisse être ; rendre plaintes de ladite perception si aucune étoit faite, prendre commissions, & en vertu d'icelles intimer les sieurs Maire & Echevins de cette ville en telles Cours ou Jurisdictions qu'il appartiendra ; faire donner toutes assignations, par icelles prendre telles conclusions qu'ils aviseront bon être, même former telles demandes qu'il conviendra, soit afin de compter par lesdits sieurs Maire & Echevins de la recette & dépense qu'ils ont pu faire du produit des droits levés à l'occasion du Don gratuit ou autrement, afin de reformation des différens abus qui se sont glissés depuis certain tems, tant dans la nomination des Officiers municipaux de cette dite ville, que dans la répartition des impositions, régie & administration des deniers communs ; dresser & présenter tous mémoires, placets, requêtes; repondre & repliquer à ceux qui pouroient être présentés de la part desdits Officiers municipaux; employer au soutien desdites demandes, actions & oppositions tous moyens; produire toutes piéces & titres; obtenir tous jugemens & arrêts, les faire mettre en exécution, constituer Procureurs & Avocats, les revoquer, en constituer d'autres, & généralement agir & faire, pour raison de tout ce que dessus, circonstances & dépendances, tout ce que lesdits sieurs Langlois, Maimart, Camusat de Riancey, Vauthier, Lefebvre & Grosley jugeront à propos pour le plus grand bien des différens corps & communautés de cette ville; même faire, pour la poursuite de cette affaire, tous les voyages qu'ils croiront nécessaires, promettant avoir pour agréable tout ce qui sera par eux fait, & leur payer & rembourser tous frais, dépenses & déboursés sur l'état & mémoire qu'ils en auront dressé, à peine, &c. obligeant, &c. Voulant que la présente subsiste jusqu'à revocation expresse, & par écrit d'icelle, ſans être ſujette à ſurannation. Fait & paſſé audit Troyes & études, l'an mil ſept cent ſoixante-trois, le douze Mars, & ont tous ſignés la minute des préſentes, demeurée à Me Fauveau, l'un des Notaires ſouſſignés, laquelle eſt duement contrôlée à Troyes le vingt-ſix deſdits mois & an par Dupuch, qui a reçu onze livres dix ſols ſix deniers.

BOUCHERAT. FAUVEAU.

DELIBERATION DE L'HOSTEL DE LA VILLE DE TROYES,

Et Mémoire présenté au Roi par les Officiers Municipaux, pour obtenir diminution sur le Don gratuit, demandé en 1758. (a)

M*** A dit que l'Assemblée étoit convoquée en l'exécution de l'édit du mois d'Août dernier, pour délibérer sur l'octroi qui est nécessaire d'établir pour faire les fonds de la part du Don gratuit à laquelle cette ville est imposée par ledit édit : qu'il connoît trop le zèle de toutes les personnes qui composent cette Assemblée, & des

(a) Ce Mémoire présente de la maniere la plus prolixe les véritables sentimens des Officiers municipaux, sur l'état de la ville, sur ses besoins, & sur l'impossibilité où elle se trouvoit en 1758 de fournir au Don gratuit. Les notes jettées sur différens articles de ce Mémoire, mettent en évidence la contradiction de la conduite actuelle des Officiers municipaux de Troyes, avec leurs anciens sentimens : c'est la premiere piéce qu'employerent les opposans.

corps qu'elle repréſente pour l'intérêt général de la nation, & leur attachement pour la gloire du Roi, pour avoir beſoin de les exhorter à en donner de nouvelles marques dans une circonſtance où les beſoins de l'Etat exigent que tous les Citoyens faſſent de nouveaux efforts pour mettre Sa Majeſté en état de contraindre ſes ennemis, de rendre la paix à l'Europe : qu'ainſi il ſe contente de prier l'Aſſemblée de donner ſon avis ſur les denrées & marchandiſes deſtinées à être conſommées dans cette ville, ſur leſquels l'octroi qui doit être perçu en conſéquence dudit édit, lui paroîtra le moins onereux, & ſur leſquelles elle croira devoir propoſer de l'établir.

Sur quoi, après que la lecture a été faite à haute voix par nous, Greffier ſouſſigné dudit édit du mois d'Août de la préſente année, portant que pendant ſix années conſécutives à commencer du premier Janvier prochain, il ſera payé au Roi à titre de Don gratuit extraordinaire par les villes, fauxbourgs & bourgs de tout le Royaume, les ſommes mentionnées en l'état annexé audit édit, dans lequel la ville de Troyes ſe trouve compriſe pour la ſomme de 40000 liv. par an.

Il a été repréſenté unanimement, que malgré la ſituation facheuſe où cette ville ſe trouve, & *quoique la miſere s'y faſſe reſſentir plus qu'en aucune autre, par la diminution du commerce & l'interception des manufactures qui faiſoient ſubſiſter ſes habitans*, elle ne reclameroit cependant point contre l'établiſſement d'une impoſition, dont la néceſſité étoit trop reconnue; que tous les habitans convaincus du beſoin que l'Etat a de ſecours, ſont également remplis du deſir d'y contribuer autant que leur ſituation le leur permet; que la ville de Troyes s'eſt toujours diſtinguée, par les ſecours & les Dons gratuits qu'elle a fournis à nos Rois dans les guerres & les beſoins de l'Etat, & que tous ſes Citoyens pénétrés du même zèle que leurs prédéceſſeurs ſont diſpoſés à faire dans les circonſtances préſentes tous les efforts qui leur ſont poſſibles, qu'ils deſireroient pouvoir payer au-

Cette miſere a-t'elle diminué depuis 1758 ?

L'impossibilité de fournir en 1758 40000 liv. annonce-t'elle la possibilité de payer annuellement, pendant huit années consécutives à commencer en 1763, une somme de 60000 à 80000 livres.

dela même de la somme, à laquelle cette ville a été imposée; *mais que l'impossibilité absolue ou se trouve la ville de satisfaire à une taxe aussi considérable, les oblige de représenter que cette somme n'est point proportionnée à l'État actuel de cette ville, & surpasse infiniment ses facultés*

Qu'il paroît qu'on s'est réglé dans la liquidation de cette somme sur un ancien préjugé qui faisoit regarder cette ville, qui avoit été autrefois fort commerçante, comme beaucoup plus riche & plus considérable qu'elle n'est en effet; mais que pour faire connoître combien elle est déchue, il suffit de considérer le nombre de ses habitans, qui étant autrefois de plus de quarante mille, ne monte pas à présent *à plus de quatorze ou quinze mille*, ainsi qu'il est aisé de le vérifier par les rôles de la capitation & du sexté, *que cette diminution provient de celle du commerce & des manufactures de cette ville*, & de ce que la proximité de Paris engageant toutes personnes riches à aller s'y établir, il ne reste à Troyes que celles dont la fortune est trop médio-

La paix a-t'elle ramené dès l'instant de sa signature la population, le commerce, la diminution des impôts, & tous les biens que promet l'attention du Roi au bonheur de ses Peuples?

cre pour pouvoir quitter cette ville : enſorte qu'à l'exception d'un très-petit nombre de perſonnes, qu'un commerce plus heureux entretient dans quelqu'aiſance, le ſurplus des habitans eſt extrémement pauvre.

Que l'on peut encore en juger par la capitation de cette ville, qui quoi prodigieuſement forte eu égard à la fortune des habitans, ne monte cependant qu'à 24000 livres, y compris même la capitation particuliere des compagnies privilégiées.

Tous les moyens ſuivans ſont devenus de jour en jour plus preſſans depuis 1758.

Qu'il n'y a dans cette ville que très-peu de bourgeois, & de poſſeſſeurs d'héritages, parce que preſque tout le territoire des environs compoſe de grandes terres qui ſont poſſédées par les Seigneurs de la Cour, & par des Eccléſiaſtiques.

Que la fortune des habitans n'eſt donc fondée *que ſur le commerce ; mais qu'il eſt dans une décadence, & que les manufactures y ſont ſi diminuées, tant par le défaut de conſommation occaſionné par le malheur des temps, que par* l'introduction & le libre cours que l'on tolere dans le Royaume, des étoffes

Les années écoulées depuis 1758 ont réduit cette conſommation à moitié.

étrangeres de même qualité que celles que l'on fabriques à Troyes, *qu'il ne reste pas en cette ville la quatriéme partie du nombre des mêtier qui y subsistoient ci-devant.*

Les Gardes du Corps qui ont remplacé les Grenadiers, ont-ils diminué la charge des bourgeois?

Qu'outre ces pertes qui augmentent chaque jour, cette ville est encore chargée depuis près de dix-neuf ans de la garnison de la Compagnie des Grenadiers à cheval, qui coûte plus de 30000 livres de dépense par an en pure perte, tant à l'Hôtel de ville qu'aux habitans qui sont chargés du logement de cette troupe.

Les octrois sont toujours les mêmes.

Les revenus patrimoniaux ont toujours suffi à toutes ces charges.

Enfin, que toutes *les denrées & marchandises*, qui entrent dans cette ville, *sont déja chargées d'octrois considérables*, qui se perçoivent, tant au profit du Roi qu'au profit de la ville, dont la part est employée aux réparations de plus de cinquante ponts qui *sont à sa charge*, ainsi que l'entretien de trente mille toises de pavé dans les fauxbourgs de ladite ville, servant d'avenues à icelle, non-compris les réparations de ses remparts; que ces octrois déja doublés plusieurs fois pour différentes causes, subsistent aujourd'hui avec tous les doublemens; *enſorte qu'il n'eſt pas poſſible d'y faire la moindre augmentation;* qu'il ſuffit d'en rapporter le détail pour faire connoître à toutes les perſonnes inſtruites de l'état de cette ville, de ſa poſition & des enlevemens qui ſe font chaque jour à ſes environs, pour la proviſion de Paris, *que la plus petite augmentation ſur ce point, éloigneroit tous les vendeurs, & priveroit cette ville des denrées, même les plus néceſſaires*, que ces octrois conſiſtent en quarante ſols par chaque voiture à deux roues, & quatre livres par voiture à quatre roues, chargée de marchandiſes entrant en cette ville ou en ſortant, & en vingt ſols par voiture à quatre roues, chargée de denrées, entrant en cette ville ou en ſortant, & encore en quatre livres ſur chaque muid de vin, jauge de Champagne, entrant en la ville & fauxbourgs, non taillables, en cinquante-quatre ſols ſur chaque muid de pareille jauge, vendu à pot, & en trois livres ſix ſols huit deniers ſur chaque muid vendu à aſſiette dans la ville & fauxbourgs taillables & non-taillables pour toutes ſortes de perſonnes pri-

Une augmentation telle que celle qui eſt propoſée eſt-elle bien capable d'attirer les vendeurs & les denrées?

vilégiées & non-privilégiées : le tout outre les droits ordinaires établis par les ordonnances des Aydes.

Ces circonstances sont aujourd'hui plus facheuses & plus pressantes qu'elles l'ayent jamais été.

Que dans ces circonstances on ne pourroit pas imposer pour 40000 livres de nouveaux octrois dans cette ville, sans la ruiner & l'exposer à la désertion du plus grand nombre de ses habitans, d'autant plus, que comme ce n'est point une ville de luxe, & que l'on y consomme que les denrées du pays, & seulement la quantité nécessaire à la vie, *il seroit même de toute impossibilité* d'y percevoir un produit si considérable.

Repétition aggravante.

On est cependant parvenu à étendre le nouvel octroi, à tout ce qui a pu le bonifier au détriment des habitans.

Que suivant l'édit, les nouveaux octrois dont il ordonne l'établissement, doivent se prendre seulement sur les denrées & marchandises de la consommatiou particuliere des villes ou ils seront établis; mais qu'en examinant la nature de celles qui se consomment en cette ville, il est aisé de faire connoître, *qu'il n'y a que les bestiaux destinés* à la nourriture des habitans; sur lesquels on puisse asseoir encore quelque nouveau droit.

Qu'il

Qu'il ſeroit trop dur pour le peuple, & d'une conſéquence trop dangereuſe d'en établir ſur les grains, ſujets déja aux octrois ordinaires de la ville, & en outre à un droit de minage qui ſe leve au profit du Chapitre de l'Egliſe Saint Etienne : ce qui feroit détruire le marché de cette ville, ſi utile pour toute la Province.

Que les vins ne peuvent pas non plus ſupporter de nouveaux droits; ceux auxquels ils ſont à préſent ſujets, & que l'on a détaillé ci-deſſus, étant déja beaucoup trop forts, eu égard à leur peu de qualité, & de valeur qui empêchent d'en faire l'objet d'un commerce étranger.

On l'a étendu à tous ces objets, on conſultoit alors les inconveniens, on ne conſulte aujourd'hui que le produit.

Que l'on ne peut pas mettre non plus de nouveaux octrois ſur le bois, ni celui de charpente, ni celui à brûler. Premierement, ſur celui de charpente, à cauſe de ſa rareté & du prix exceſſif où il eſt à préſent, qui ne ne peut pas ſuporter d'augmentation; qu'il y a à ce ſujet pluſieurs réflexions à faire, tant ſur le beſoin qu'on en a en cette ville, qui n'eſt bâtie qu'en bois, que ſur la cherté actuelle, tant des bois que des autres matériaux ſervans aux bâtimens, qui rendent la bâtiſſe prodigieuſement chere, tandis que les loyers y ſont à bon marché à cauſe du défaut de monde : qu'augmenter dans cette circonſtance le prix des bois à bâtir, ce ſeroit empêcher toute nouvelle conſtruction, & mettre même les propriétaires qui exiſtent dans l'impoſſibilité d'y faire les réparations néceſſaires ; qu'à l'égatd du bois à brûler, on l'a vu doubler dans cette ville depuis très-peu d'années ; que comme tout ce qu'il y a de bon bois eſt conduit à Paris par la riviere, il ne reſte pour la conſommation du pays que les branches & le bois de la moindre qualité, qu'il y eſt cependant preſqu'auſſi cher qu'à Paris, & que c'eſt de toutes les marchandiſes de conſommation, celle qui a le plus augmenté, même ſans aucune proportion avec les autres ; qu'il y a même encore une conſidération eſſentielle à faire, qui eſt que ce ſont les manufacturiers, les blanchiſſeurs de toile (on ſçait que le blanchiſſage des toiles fait la principale branche des manufactures de cette

Au moyen des laiſſés-paſſer ceux qu'intéreſſent les blanchiſſages, éludent cet inconvenient.

ville), les teinturiers & autres de cette espece qui font la plus grande consommation de bois : ainsi ce seroit donner à ces manufactures une atteinte capable de les détruire, que d'augmenter les prix du bois par de nouveaux octrois.

Qu'il n'est pas plus possible d'en mettre sur les œufs, le beure, le fromage & les légumes, non-seulement parce que c'est la nourriture du peuple & des pauvres, mais encore parce que quelqu'octroi que l'on y mit, il ne produiroit presque rien, & le peu qu'on en tireroit tombant sur les pauvres, causeroit infiniment plus de préjudice au public, qu'il n'apporteroit de profit au Roi. La preuve de cette observation se tire de ce que la plûpart des bourgeois prennent une partie de ces denrées dans leurs propres maisons & dans leurs jardins, & le surplus n'entre dans la ville que par très-petites parties, dans des paniers à bras, ensorte que la perception du droit sur ces sortes de denrées, seroit même absolument impossible.

Cependant ils payent : on n'a rien negligé.

Qu'il n'y a donc que les bestiaux que les

bouchers font entrer pour la consommation des habitans, sur lesquels, dans la nécessité où l'on est d'imposer de nouveaux octrois, on puisse proposer de les établir ; qu'ils sont cependant déja sujets à des droits considérables, qui *se perçoivent au profit du Roi, sous le nom d'Inspecteurs aux Boucheries*; (*a*) sçavoir, trois livres par bœuf ou vache, douze sols par veau & quatre sols par mouton ; que le prix de la viande étant très-cher en cette ville & beaucoup plus que dans toutes les autres villes de la Province, (elle vaut communément six sols la livre,) il paroît que l'on ne devroit point l'assujettir à de nouveaux droits qui en augmenteront encore nécessairement le prix ; mais que comme c'est cependant le seul objet sur lequel on puisse encore en établir en cette ville ; la

(*a*) Outre ces droits, on a tiré des Bouchers, à titre de Don gratuit, une somme de 62000 livres depuis 1758. Mais, dit-on, le prix de la viande a-t'il augmenté ? Question de Maltotier ! Demandons leur pourquoi ce prix n'a pas diminué dans un tems où les bourgeois & le peuple ont le plus besoin de diminution sur tous les objets de dépense. En un mot, est-ce le Bourgeois ou le Boucher qui a financé les 62000 livres ?

néceſſité de contribuer aux beſoins de l'état, & l'obéiſſance dûe aux ordres du Roi contenus en ſon édit, doivent déterminer à propoſer à SA MAJESTE l'établiſſement du doublement des droits d'Inſpecteurs aux Boucheries ; c'eſt-à-dire, la perception en ſus des mêmes droits qui ſe perçoivent à préſent : que quelqu'à charge que ſoit cet octroi, c'eſt cependant, vu l'état actuel de cette ville & des impoſitions qui y ont lieu, celui que les habitans peuvent ſuporter avec moins de peine, & même le ſeul qu'il ſoit poſſible d'y établir, parce qu'il porte moins ſur le pauvre qui conſomme peu de viande ; mais qu'en propoſant le doublement, on doit obſerver qu'on ne pouroit pas exiger au-delà de ce doublement, non-ſeulement à cauſe du prix conſidérable où eſt déja la viande dans cette ville, mais encore parce qu'on n'y conſomme preſque que des vaches, ce qui rend les droits plus conſidérables & plus onéreux, parce que les vaches ſont ſujettes aux mêmes droits que les bœufs, quoique trois vaches ne fournissent pas une plus grande quantité de viande que deux bœufs.

Que quoique le produit de ce doublement soit beaucoup inférieur à la somme pour laquelle cette ville est comprise dans l'état annexé à l'édit ; il y a lieu d'espérer que M. le Contrôleur général, voudra bien avoir égard *à la situation de cette ville, & à l'impuissance où elle se trouve de fournir de plus grands droits*, & obtenir de la bonté du Roi, qu'il lui plaise modérer au produit de ces droits, la somme à laquelle cette ville est taxée.

La perception du Don gratuit depuis 1758, ajoutée aux augmentations, a-t'elle diminué cette impuissance ?

Il a été représenté, que comme le rachat du Don gratuit, moyennant une somme comptant, pourroit être plus utile au Roi dans les besoins actuels de l'Etat, que la perception lente d'une imposition pendant six années, il paroît qu'il seroit à propos d'offrir de racheter la part du Don gratuit de cette ville, moyennant le payement d'une somme proportionnée au produit de l'octroi proposé, lequel seroit accordé à la ville *pour servir au remboursement des emprunts qu'elle auroit fait, de la somme*

Depuis 1758 l'Hôtel de Ville a tiré du

fournie pour le rachat, que pour parvenir à fixer cette ſomme, il étoit néceſſaire d'examiner ce que les droits d'inſpecteurs aux boucheries ont produit pendant les dernieres années; qu'il paroît par le relevé que les Maire & Echevins ont fait faire des ſept dernieres années, que le produit de ces droits a monté année commune à environ 15000 livres; mais qu'à cauſe de la diminution du nombre des habitans qui ſurvient chaque jour, *& à laquelle on doit encore s'attendre*, à cauſe de la milice, & des pertes que ſouffre la manifacture: on ne doit compter les droits pour les années prochaines, qu'à raiſon de 14000 livres par an, qui fait pour les ſix années, la ſomme de 84000 livres, ſur leſquelles déduiſant 12000 livres pour les frais de régie à raiſon de 2000 livres par an, il reſte 72000 livres, dont on pourroit payer au Roi celle de 6000 livres, les 12000 livres, reſtant, *ſervant à payer les frais des contrats d'emprunt, les quittances de rembourſemens d'iceux*, & les intérêts de l'emprunt qui ſeroit fait par la ville de la-

ſeul Don gratuit 240000 l. & elle en avoit 140000 livres à rembourſer.

La prédiction eſt accomplie.

dite ſomme de 60000 livres, laquelle ſeroit rembourſée du produit de ces droits *au fur & meſure de la perception d'iceux.*

C'eſt ce qui reſte à prouver.

Enſuite deſquelles réflexions & repréſentations, les opinions ayant été réſumées, & les avis pris de chacun des membres de ladite aſſemblée ci-deſſus dénommés, ſuivant l'ordre & la maniere accoutumée; il a été unanimement d'avis & réſolu que M. le Contrôleur général ſera très-humblement ſupplié de repréſenter au Roi *l'impuiſſance ou ſe trouve cette ville*, par les raiſons ci-deſſus expliquées *de payer au Roi la ſomme de* 40000 livres, à laquelle elle a été taxée pour le Don gratuit, & d'obtenir de la bonté & de la juſtice de Sa Majeſté, que cette taxe ſoit réduite à la ſomme de 12000 livres par an, pour laquelle il ſera levé pendant les ſix années que doit durer le Don gratuit, à commencer au premier Janvier prochain, un octroi de 3 livres par bœuf ou vache; 12 ſols par veau; & quatre par mouton, qui ſe conſommeront en cette ville; leſquels droits ſeront perçus de la même maniere

Son état a empiré.

que les droits des Inſpecteurs aux boucheries qui ſubſiſtent à préſent.

Et où SA MAJESTÉ jugeroit à propos de permettre à la ville de ſe racheter dudit Don gratuit, qu'en ce cas Sa Majeſté ſera très-humblement ſuppliée de l'en quitter & décharger, moyennaut la ſomme de 60000 livres qui ſera payée comptant par les Maire & Echevins de cette ville, entre les mains de qui par Sa Majeſté ſera ordonné dans deux mois, à compter du jour de l'enregiſtrement qui ſera fait ou il appartiendra, auquel cas il plaira à Sa Majeſté permettre auxdits Maire & Echevins, de lever & percevoir au profit de ladite ville, les droits de 3 livres par bœuf ou vache; de 12 ſols par veau; & de 4 ſols par mouton qui ſe conſommeront en cette ville pendant ſix années conſécutives, à commencer au premier Janvier prochain, en la facon & maniere que les droits actuels d'Inſpecteurs aux boucheries, & conformément aux édits, déclarations & réglemens concernans leſdits droits: lequel octroi, leſdits Maire &

Il eſt fâcheux, à bien des égards, que d'épaiſſes ténébres ayent conſtemment envié aux regards du public les détails de l'exétion d'un projet auſſi peu compliqué.

Echevins pourront affermer ou régir à leur choix; & pour mettre lesdits Maire & Echevins en état de payer ladite finance, les autoriser à emprunter au nom de ladite ville, de toutes sortes de personnes, même des gens de main-morte, jusqu'à concurrence de ladite somme de 60000 livres, à constitution de rente, à raison du denier vingt, exempter & décharger ladite ville du payement des deux vingtiémes & des deux sols pour livre du dixiéme, pour raison du produit desdits droits: & en conséquence, ordonner que les rentes qui seront constituées pour raison desdits emprunts, seront & demeureront exemptes de toute retenue desdits deux vingtiéme & deux sols pour livre du dixiéme; & permettre auxdits Maire & Echevins de stipuler ladite exemption en faveur des personnes qui préteront ladite somme, au payement desquelles rentes; ensemble aux capitaux d'icelles, le produit desdits droits sera & demeurera spécialement, & par privilége affecté, obligé & hypothéqué; en conséquence, ordonner que le produit d'iceux qui restera chaque année après que les frais de régie auront été acquittés, sera employé premierement au payement desdites rentes, & le surplus au remboursement des capitaux, *sans que les deniers en puissent être divertis ni employés ailleurs.*

Et Messieurs les Maire & Echevins ont été priés d'adresser à Monsieur le Contrôleur général une expédition de la présente délibération avec les deux tableaux du produit dudit doublement des droits d'Inspecteurs aux boucheries, soit que Sa Majesté se contente de la somme de 12000 livres par an, soit qu'elle en permette le rachat, & de faire pour la suite en l'exécution de ladite délibération toutes les demarches nécessaires & convenables.

ARREST DU CONSEIL D'ÉTAT.

Qui ordonne qu'il ſoit dreſſé un état des revenus & dépenſes de la ville de Troyes, ſur la repréſentation des comptes & piéces juſtificatives d'iceux, en préſence des Maire & Echevins & de ſix des Oppoſans.

Donné à Compiegne le 26 Juillet 1763.

VU par le Roi en ſon Conſeil, l'arrêt rendu en icelui le 9 Février 1762, par lequel Sa Majeſté auroit autoriſé les Maire & Echevins de la ville de Troyes à lever & percevoir pendant huit années, à commencer du premier Janvier 1763, pluſieurs droits d'octrois qui avoient été jugés néceſſaires pour acquitter les dettes contractées par cette ville, tant à à cauſe du long ſéjour que la Compagnie des Grenadiers à cheval y avoit fait, que pour former ensuite l'établissemenr d'une Compagnie de Gardes du Corps du Roi, comme aussi pour la reconstruction & les réparations de plusieurs ponts, canaux, chaussées, murailles, portes & autres édifices publics, lesdits droits d'octrois à prendre sur les denrées qui entreroient & se consommeroient dans ladite ville, fauxbourgs & dépendances d'icelle; un autre arrêt du Conseil interprétatif & confirmatif de celui ci-dessus, du 26 Décembre 1762; autre arrêt du Conseil, du 31 Mars 1763, par lequel Sa Majesté, sans s'arrêter à celui de la Cour des Aydes de Paris, du 25 Février précédent, portant défenses de percevoir lesdits octrois à peine de concussion, lequel arrêt Sa Majesté a cassé & annullé, avec tout ce qui s'en est suivi, ou pourroit s'en suivre; ordonne que ceux des 9 Février & 26 Décembre 1762, seront executés selon leur forme & teneur; & qu'en conséquence lesdits octrois continueront d'être levés & perçus, sans aucune interruption, pendant les huit années y portées, nonobstant toutes oppoſitions & autres empêchemens quelconques, pour leſquels ne ſera différé, & dont, ſi aucuns intervenoient, Sa Majeſté s'eſt réſervé la connoiſſance & à ſon Conſeil, icelle interdiſant à toutes ſes Cours, & autres Juges ; la commiſſion du grand ſceau expédiée & ſcellée ſur ledit arrêt. Une requête préſentée par les Doyen & Chanoines de l'Egliſe de Troyes, les Doyen & Chanoines de l'Egliſe royale & collégiale de ſaint Etienne, les Doyen & Chanoines de ſaint Urbain, les Prieur & Chanoines réguliers de l'abbaye royale de ſaint Martin-ès-Aires; les Miniſtre, Prieur & Chanoines réguliers de l'Ordre de la Trinité & Rédemption des Captifs ; les les Commandeur & Chanoines réguliers de ſaint Antoine ; les Officiers de la Maîtriſe particuliere des Eaux & Forêts de Troyes, ceux de la Monnoie, le ſieur Charlot, préſident au Grenier à ſel, les Officiers des Traites foraines, les Nobles, les Officiers employés au ſervice du Roi ou retirés du ſervice, les Bourgeois, Notaires & Procureurs, les Communautés de Bouchers, Vinaigriers, Tonneliers, Charpentiers, les Manans & Habitans des Tauxelles, Chaillouet & des Faux-Foſſés, tous prétendans compoſer la plus grande & la plus ſaine partie de ladite ville de Troyes, contenant qu'ils n'ont pu voir qu'avec ſurpriſe qu'on y ait affiché l'arrêt du 9 Février 1762, rendu ſur la requête des Maire & Echevins de cette ville ; qu'on ne peut qu'être étonné de l'établiſſement d'un pareil octroi & de la maniere dont il a été fait ; que les Officiers municipaux, qui ne ſont que les adminiſtrateurs, les économes & les mandataires des Corps de la Ville, ne peuvent rien arrêter d'important, & encore moins requérir des impoſitions ſans une convocation préalable des Habitans priſe dans une aſſemblée générale ; c'eſt même une maxime particuliere de l'adminiſtration de la ville de Troyes. En effet, le procès-verbal dreſſé en exécution d'un arrêt du Conſeil rendu en 1493, contenant l'établiſſement des Maire, Echevins & Conſeillers de cette ville, porte *qu'ils ne pour-*

ront obliger ni arrenter ladite ville, sinon par l'avis & assemblée du Clergé, Bourgeois & Habitans, & à ce appellé le Bailli ou son Lieutenant avec l'Avocat ou Procureur du Roi. Un arrêt du Conseil, du 16 Juillet 1620, a ordonné qu'il ne pouroit être demandé de nouveaux octrois pour ladite ville, sans qu'il ait au préalable été tenu une assemblée générale; dans tous les temps, les Officiers municipaux de cette ville se sont exactement conformés à cet usage, & en dernier lieu au sujet de l'octroi établi par la déclaration du 3 Janvier 1759; mais les Maire & Echevins ont violé cette régle en surprenant l'arrêt du 9 Février 1762; c'est de leur autorité, & sans consulter aucun Corps de la ville ni des habitans, qu'ils ont demandé au Roi l'établissement d'un octroi qui formeroit une imposition très-considérable; leur conduite à cet égard n'est pas excusable: mais si les habitans ont lieu de se plaindre sur la forme, ils ont encore plus de raison de le faire quand au fond, ce nouvel octroi entraîneroit la ruine ne des habitans, & à peine les beſoins les plus urgens le rendroient-ils ſupportable; mais il s'en faut bien que cette ville éprouve de pareils beſoins: dans tous les tems, & juſqu'en 1746, elle ne conſommoit jamais ſes revenus, & au contraire elle faiſoit des épargnes dont on formoit des capitaux. Ses revenus ont par cette économie augmenté conſidérablement: depuis ſix à ſept ans, elle jouit du doublement des octrois de rouage, qui forment un objet de 20000 livres par an, & que le Roi lui a accordé pour vingt années. Elle a profité de plus 100000 livres ſur l'octroi ci-devant établi pour le Don gratuit, en conſéquence de l'abonnement conſenti par Sa Majeſté. Il n'eſt ſûrement pas poſſible qu'avec des ſecours auſſi conſidérables, elle ſe trouve obérée comme on le dit. Comme les Maire & Echevins ont grand ſoin de concentrer entr'eux l'adminiſtration, & de ne donner aux habitans aucune connoiſſance des revenus de la ville, ni de ſes charges, les Supplians conviennent qu'ils ne ſont pas en état de démontrer ſa ſituation par un calcul arithmétique ; mais ils espérent de la bonté de Sa Majesté qu'elle voudra bien ordonner qu'il en soit dressé un Procès-verbal en leur présence par le sieur Commissaire départi. Les supplians démontreront lors de ce procès-verbal l'inutilité du nouvel octroi, & alors leur opposition à l'arrêt qui en a ordonné la perception, ne pourra souffrir de difficulté : requéroient à ces causes les supplians qu'il plut à Sa Majesté ordonner que par le sieur Intendant en Champagne, il sera en présence des supplians, ou de leurs députés, & en présence des Maire & Echevins de ladite ville, dressé un procès-verbal de ses revenus & de ses charges : à l'effet de quoi lesdits Maire & Echevins seront tenus de représenter les piéces nécessaires, & notamment les comptes rendus par lesdits Officiers municipaux, tant à la Chambre des Comptes, que pardevant le sieur Commissaire départi, depuis & compris l'année 1751, que le sieur Eustache Gouault a quitté la place de Maire, jusqu'à présent ; comme aussi les états particuliers du produit du Don gratuit pendant les quatre années qu'il a été perçu : pour ledit procès-verbal fait & rapporté avec l'avis du sieur Intendant & Commissaire départi, être par Sa Majesté statué ce qu'il appartiendra sur l'opposition dont est question ; & cependant par provision, ordonner qu'il sera sursis à la perception dudit octroi ; ladite requête signée Roux, Avocat au Conseil & des supplians. Un Mémoire d'observations desdits Maire & Echevins servant de réponse à ladite requête, contenant que la plûpart des faits qu'elle renferme sont contraires à la vérité : les opposans ne forment ni la plus considérable, ni la plus saine partie des habitans, comme on l'avance ; c'est au contraire un petit nombre de personnes portées plus par un esprit de vengeance, que par tout autre motif, & d'autres sont séduits par les chefs de la cabale. Loin que les opposans forment, comme ils le disent, la plus considérable & la plus saine partie de la ville, ils n'en composent pas la centième partie : presque tous n'ont eu que des motifs personnels de contrequarrer les

Officiers municipaux. Il y a à Troyes cinquante-ſix communautés d'arts & métiers ; on n'en cite que quatre qui réclament contre la perception de l'octroi, il y en a donc cinquante-deux qui gardent le ſilence, & de ce nombre ſont les marchands qui ſont, ſans contredit, le corps le plus nombreux & le plus ſain. Il faut auſſi remarquer que la communauté des Tiſſerands ne réclame point ; des huit fauxbourgs de cette ville, ſix ont conſtamment réfuſé leur intervention, malgré toutes les démarches & ſollicitations qu'on a employés auprès d'eux. Ce n'eſt pas en cela ſeulement que les oppoſans ont cherché à en impoſer, le ſurplus des faits allégués n'eſt pas moins ſuppoſé. En effet, l'arrêt du 9 Février 1762, n'a point été ſurpris comme on l'a avancé témérairement : on avoit joint à la requête, un état fidelle des dettes de la ville ; il a été envoyé par le Conſeil au ſieur Intendant & Commiſſaire départi, qui en a conſtaté la vérité, & eſt convenu de la néceſſité d'accorder à cette ville un ſecours extraordinaire, pour la mettre en état de satisfaire à ses engagemens. Cet arrêt a donc été rendu en pleine connoissance de cause; & il a de plus été confirmé par deux arrêts subséquens, rendus après un examen très-scrupuleux : au surplus les droits compris dans l'arrêt du 9 Février 1762, sont assurément les moins onéreux qu'on pût établir, & ils ont été jugés tels en 1758, dans une assemblée de tous les corps, lorsqu'il étoit question de choisir un octroi pour remplir le premier Don gratuit : ceux du nouvel octroi sont les mêmes; & il est de fait qu'ils n'ont aucunement fait augmenter le prix des denrées : les Supplians ne sont donc répréhensibles, ni dans le fond, ni dans la forme. Les anciens réglemens portent à la vérité qu'on ne demandera point de nouveaux octrois, sans au préalable avoir convoqué une assemblée générale; mais ces mêmes réglemens disent aussi que lorsqu'il ne sera question que de continuation d'octroi, une délibération du Conseil de ville suffira. Si on consulte l'état des revenus & des dettes

Voyez la délibération, ci-dessus.

de cette ville, on verra qu'en 1760 elle étoit endettée de près de deux cent mille livres, par conſéquent l'objet de ces dettes réduit par les Oppoſans à dix-ſept mille livres, eſt imaginé à plaiſir, pour tâcher de rendre l'adminiſtration des Officiers municipaux odieuſe; c'eſt avec auſſi peu de vérité qu'on a avancé, que la ville avoit bénéficié de cent mille livres ſur le Don gratuit; s'il y a eu quelqu'excédent à l'abonnement, il a été employé aux beſoins les plus urgens de la ville, & à acquitter une partie de ſes dettes. Les Maire & Echevins n'ont jamais refuſé de rendre compte de leur adminiſtration aux Supérieurs: on a mis ſous les yeux du ſieur Intendant & Commiſſaire départi, les états des recettes & dépenſes juſques & compris mil ſept cent ſoixante-un; il les a viſés & approuvés; & ceux de l'année mil ſept cent ſoixante-deux vont lui être inceſſamment préſentés; c'eſt à lui ſeul & à la Chambre des Comptes qu'on doit des comptes en forme. Le caprice de quelques particuliers, leurs querelles & leur animoſité, ne ſont point des raiſons ſuffiſantes pour innover & pour renverſer le régime de l'adminiſtration : enfin on ne doit pas, par les mêmes motifs, interrompre la perception d'un octroi établi en vertu de trois arrêts du Conſeil : Vû auſſi un état général des revenus & des charges & dettes de la ville de Troyes, enſemble l'avis du ſieur de Barberie de Saint-Conteſt de la Chateigneraie, Intendant & Commiſſaire départi en Champagne ; & Sa Majeſté voulant ſur le tout expliquer ſes intentions : Oui le rapport du ſieur Bertin, Conſeiller ordinaire au Conſeil Royal, Contrôleur général des Finances, le Roi en ſon Conſeil, avant faire droit, a ordonné & ordonne, que dans un mois pour toute préfixion & delai, à compter du jour & date de la ſignification du préſent arrêt, il ſera dreſſé un procès-verbal pardevant le ſieur Intendant & Commiſſaire départi en Champagne, ou pardevant ſon Subdélégué à Troyes, des revenus, charges & dettes de ladite ville : à l'effet de quoi les comptes d'icelle, les devis & adjudications des ouvrages étant à sa charge, & les autres titres & piéces justificatives de dépense, seront représentées, lequel procès-verbal sera dressé en présence des Maire & Echevins & Syndic de ladite ville, & de six des opposans: veut néanmoins Sa Majesté que par provision, les droits d'octrois qui font l'objet de la contestation, continuent d'être perçus, sauf à être par elle ordonné sur le vu dudit procès-verbal, & de l'avis dudit sieur Commissaire départi, ce qui sera jugé nécessaire sur la perception dudit octroi; & sera le présent arrêt exécuté, nonobstant oppositions ou autres empêchemens généralement quelconques, pour lesquels ne sera différé, & dont, si aucuns interviennent, Sa Majesté s'est réservé la connoissance, & à son Conseil, icelle interdisant à toutes ses Cours & Juges. Fait au Conseil d'Etat du Roi, tenu à Compiegne le vingt-six Juillet mil sept cent soixante-trois: Et plus bas est écrit, collationné. *Signé*, DE VOUGNY, avec paraphe.

LOUIS, par la grace de Dieu, Roi de France & de Navarre : A notre amé & féal Conſeiller en nos Conſeils le ſieur Intendant & Commiſſaire départi pour l'exécution de nos ordres dans la généralité de Champagne : SALUT. Nous vous mandons de procéder à l'exécution de l'arrêt, dont l'extrait eſt ci-attaché, ſous le contre-ſcel de notre Chancellerie, cejourd'hui rendu en notre Conſeil d'Etat, pour les cauſes y contenues ; commandons au premier notre Huiſſier ou Sergent ſur ce requis, de ſignifier ledit arrêt à tous qu'il appartiendra, à ce qu'aucun n'en ignore, & faire en outre pour ſon entiere exécution à la requête des Maire & Echevins de la ville de Troyes y dénommés, tous commandemens, ſommations, & autres actes & exploits néceſſaires, ſans autre permiſſion : car tel eſt notre plaiſir. Donné à Compiegne le vingt-ſixiéme jour de Juillet, l'an de grace mil ſept cent ſoixante-trois, & de notre régne le quarante-huitiéme. Par le Roi en ſon Conſeil. *Signé*, DE VOUGNY, avec grille & paraphe, &

scellé du grand sceau de cire jaune.

Vû par Nous Intendant de la Province & frontiere de Champagne, le présent arrêt du Conseil d'Etat du Roi :

Nous ordonnons que ledit arrêt du Conseil du 26 Juillet dernier, sera exécuté suivant sa forme & teneur, & que le procès-verbal dont il y fait mention, sera dressé par le sieur Paillot, notre Subdélégué à Troyes, pour ledit procès-verbal à nous rapporté, être envoyé au Conseil avec notre avis, conformement audit arrêt. Fait à Paris le 4 Août 1763.

Signé., DE BARBERIE.

A MONSIEUR,

Monsieur Paillot, Subdélégué de l'Intendance de Champagne au département de Troyes, Commissaire en cette partie, supplient humblement les Maire & Echevins de la ville de Troyes, disans, que par arrêt du Conseil d'Etat du Roi du 26 Juillet dernier, Sa Majesté auroit ordonné que pardevant M. l'Intendant de Champagne ou ſon Subdélégué à Troyes, il ſeroit dreſſé procès-verbal des dettes, charges & revenus de cette ville, en préſence des Supplians & de ſix des oppoſans à la perception du nouvel octroi; qu'il a été expédié une commiſſion du grand ſceau, ſcellé le trois du préſent mois, & qu'au bas d'icelui, M. l'Intendant auroit mis ſon attache, par laquelle il nous auroit renvoyé l'exécution dudit arrêt. Ce conſidéré, Monſieur, il vous plaiſe pour procéder à l'exécution de l'arrêt du Conſeil d'Etat du 26 Juillet dernier, permettre aux Supplians de faire aſſigner les parties y denommées, à tel jour qu'il vous plaira indiquer, & ferés juſtice. *Signé*, CALABRE, BERTHELIN, FROMAGEOT & TRUELLE.

Vû par nous, Subdélégué de l'Intendance de Champagne au département de Troyes, la préſente requête, l'arrêt du Conſeil du 26 Juillet dernier, & l'ordonnance de Monſeigneur l'Intendant du 4 Août préſent mois, qui Nous commet pour l'exécution dudit arrêt, Nous permettons aux Supplians de faire aſſigner, pardevant Nous les opposans à la perception du nouvel octroi le jeudi onze du présent mois à neuf heures du matin, aux fins desdits arrêts & commission. Fait à Troyes ce huit Août 1763. *Signé*, PAILLOT.

Et en vertu de cette ordonnance, l'arrêt signifié à chacun des Corps Ecclesiastiques & Séculiers, au Domicile de leur Syndic, par l'exploit de Guet du 6 Août, avec assignation à se trouver le onze du même mois en l'Hôtel-de-ville, pour procéder aux fins de l'Arrêt.

PROCES-VERBAL

De la visite des Comptes de la Ville, en exécution de l'Arrêt du Conseil du 26 Juillet 1763.

L'AN mil sept cent soixante-trois, le jeudi onze Août à l'heure de neuf du matin : Nous Pierre Jean Paillot, Ecuyer, Subdélégué de l'Intendance de Champagne au département de Troyes, en exécution de l'arrêt du Conseil d'Etat du Roi du 26 Juillet dernier; *Signé*, de Vougny, & de l'ordonnance de Monseigneur l'Intendanr & Commissaire départi en la Province de Champagne, du 4 Août présent mois, qui Nous nomment Commissaire, à l'effet de dresser procès-verbal des revenus, charges & dettes de ladite ville; à l'effet de quoi les comptes d'icelle, devis, adjudications des ouvrages étant à sa charge, & les piéces justificatives de depenses seront représentées; lequel procès-verbal sera dressé en présence des Maire, Echevins & Syndic de ladite ville, & de six des opposans: Vû aussi la requête à nous présentée par les Maire & Echevins & notre ordonnance du 8 du présent mois; & en acceptant ladite commission, Nous nous sommes transporté en l'Hôtel commun de ladite ville, ou étant, sont comparus.

Les Maire & Echevins de ladite ville, qui nous ont dit, que par les dispositions de l'arrêt du Conseil d'Etat du Roi, du 26 Juillet dernier, contradictoirement rendu sur les contestations pendantes entre eux & les Corps & Communautés opposantes à la perception du nouvel octroi; par lequel il est ordonné avant faire droit, que dans un mois pour toute préfixion & delai, à compter du jour & datte de la signification dudit arrêt, il sera dressé un procès-verbal pardevant le sieur Intendant & Commissaire départi en Champagne, ou pardevant son Subdélégué à Troyes, des revenus, charges & dettes de ladite ville: à l'effet de quoi les comptes d'icelle, les devis & adjudications des ouvrages étant à sa charge, & les autres piéces & titres justificatives de depense seront représentées : lequel procès-verbal sera dressé en présence des Maire, Echevins & Syndic de ladite ville, & de six des opposans : voulant neanmoins Sa Majesté, que par provision les droits d'octroi qui font l'objet de la contestation, continuent d'être perçus ; sauf à être par elle ordonné sur le vû dudit procès-verbal, & de l'avis dudit sieur Commissaire départi, ce qui sera jugé nécessaire sur la perception dudit octroi, ce qui sera exécuté, &c.

Qu'en exécution dudit arrêt & de l'attache de Monseigneur l'Intendant de cette généralité, étant ensuite, qui en a renvoyé l'exécution pardevant nous en qualité de Commissaire en cette partie ; ils auroient eu l'honneur de nous présenter leur requête ; par laquelle il nous auroient démandé, qu'en acceptant la commission qui nous est déférée par lesdits arrêt & ordonnance de Monseigneur l'Intendant, il nous plût indiquer les jours & heure que nous jugerions convenables pour procéder à l'exécution dudit arrêt,

& y appeller les perſonnes y dénommées ; qu'en conſéquence de notre ordonnance du huit du préſent mois, ils auroient fait aſſigner, à la préſente heure & lieu, par exploit de Guet Huiſſier, du lendemain, contrôlé à Troyes le même jour par Dupuch, tous leſdits Corps & Communautés oppoſantes à la perception du nouvel octroi, à l'effet de choiſir ſix d'entr'eux pour être préſens aux opérations ordonnées par ledit arrêt : réquerant leſdits Mai-& Echevins, défaut contre les défaillans s'ils ne comparent, avec tel profit que de raiſon ; & ont leſdits ſieurs Maire & Echevins ſigné ſur la minute des préſentes.

A laquelle aſſignation ſont comparus Me. Jean-Baptiſte Langlois, Chanoine de l'Egliſe de Troyes, & Syndic actuel dudit Chapitre ; Me. Joſeph Maimard, Chanoine de l'Egliſe Papalle, ſéculiere & Collégialle de Saint Urbain dudit Troyes ; Me. Alexandre la Maniere, Prêtre, Chanoine régulier de l'ordre de la très-Sainte Trinité, de la rédemption des Captifs, Prieur du Prieuré de Saint Jacques ; Meſſieurs ſire Pierre-François de Meſgrigny de Villebertin, Chevalier, Vicomte de Troyes, Baron de Villebertin, Seigneur de Savoye, Saint Pouange, Bouilly, Fontvannes, Saint Benoît ſur Seine, Briel & autres lieux, Lieutenant général d'Epée, & Commiſſaire pour le Roi à la répartition de la Capitation de la Nobleſſe du Bailliage dudit Troyes; M. Charles-Nicolas le Febure, Avocat en Parlement, Conſeiller du Roi, Juge-garde de la Monnoye dudit Troyes; & M. Pierre-Jean Groſley, Avocat en Parlement, & Académicien libre de l'Académie Royalle des Inſcriptions & Belles-Lettres de Paris, demeurans tous audit Troyes, choiſis & députés par les différens corps des Oppoſans, pour les repréſenter ſur l'aſſignation donnée en vertu de l'arrêt ſuſdaté, par acte reçu devant MM. Fauveau & Boucherat, Notaires audit Troyes, le 10 des préſent mois & an, & dont l'expédition ſera annexée au préſent procès-verbal.

Et à l'inſtant, leſdits Maire, Echevins & Syndic, nous auroient premierement représenté un état contenant en détail les dettes actuelles de la ville ; secondement un autre état de ses revenus & de ses charges : par le premier desquels il paroît que les dettes de la ville montent actuellement à la somme de 233482 livres 12 sols 11 deniers, non-compris quelques sommes dues récenment, & dont il n'a pas encore été possible d'avoir les états ; & par le second, que le revenu de la ville, toutes dettes & charges ordinaires acquittées, n'est que de la somme de 10522 livres sept sols 10 deniers qui restent pour subvenir à l'entretien de 53 ponts, dont plusieurs en bois, 3 écluses, 17000 toises de chaussées, & des portes, murs, fortifications & remparts, dont la majeure partie est à réparer : non-compris en outre le petit patrimoine qui a ses charges particulieres, & dont on employe chaque année des sommes pour subvenir pendant l'hyver aux nécessités des pauvres : lesquels deux états, lesdits Maire & Echevins auroient déposés sur le bureau, pour par lesdits sieurs Opposans, ès noms, en prendre communication & lecture : desquelles offres lesdits Maire & Echevins nous ont requis acte, ensemble des réserves & protestations, où lesdits états seroient contredits, de faire & dire ce qu'il appartiendra ; & ont lesdits Maire, Echevins & Syndic, signé sur la minute des présentes.

A quoi auroit été répliqué par les Opposans, d'abord en la forme : que S. M. en déléguant pour le présent compte, Mgr l'Intendant de Champagne ou M. son Subdélégué, ignoroit sans doute que M. son Subdélégué ordinaire étoit l'un des douze Conseillers de cette ville, & qu'en cette qualité il avoit nécessairement concouru à la plûpart des délibérations qui ont été prises par le Conseil de ville, pour obtenir le débouté de l'opposition à l'obtention du nouvel octroi : raison pour laquelle lesdits Opposans pourroient se prévaloir des voyes de droit ouvertes en pareil cas ; mais que voulant éviter toutes longueurs & tous empêchemens, & en même temps embrasser tous les moyens qui peuvent accélerer la décision définitive de S. M. & de son Conseil sur un objet de la derniere importance pour la ville & pour tous les Citoyens ; ayant d'ailleurs pleine confiance dans l'intégrité & les lumieres de M. le Commissaire : persuadés que dans le cours du procès-verbal, il voudra bien leur donner acte de tous les dires & requisitions nécessaires, ils vont passer au fond. A cet effet, somment & interpellent MM. les Officiers municipaux de représenter présentement, & mettre sur le bureau les comptes rendus, tant à la Chambre des Comptes, que pardevant Mgr l'Intendant, dans la derniere année de la Mairie de M. Eustache Gouault. Les Opposans dans leur requête au Conseil ont avancé, que suivant ces comptes, la dette de la ville n'étoit alors que de 17000 livres malgré quantité de depenses extraordinaires & imprévues survenues, tant pendant la Mairie de M. Gouault, que sous celle de M. Rémond, son prédécesseur. MM. les Officiers municipaux dans leurs obſervations ſecretes fournies au Conſeil, & viſées par l'arrêt, ont ſoutenu que cet allégué des Oppoſans étoit imaginé avec plaiſir, & contre toute vérité; & que c'eſt pour les convaincre de cette vérité, par les comptes même étant entre leurs mains, que cette exhibition eſt requiſe. Qu'un intérêt infiniment plus preſſant, rend cette exhibition d'une néceſſité indiſpenſable : il s'agit d'inſtruire pleinement la religion de S. M. & de ſon Conſeil ſur le fond des objets qui ont déterminé l'arrêt; & cette inſtruction ne peut être pleine & entiere, qu'en partant d'un point fixe pour ſuivre l'augmentation progreſſive qui a porté la dette de la ville au point où leſdits ſieurs Officiers municipaux la repréſentent aujourd'hui. En effet, ſi on commençoit le préſent examen, comme leſdits ſieurs Officiers viennent de le requerir, pour le dernier compte, il ſe trouvera néceſſairement que ce compte devra une ſomme conſidérable au compte précédent, celui-là au compte antérieur, & ainſi juſqu'à ce qu'on ſoit arrivé en remontant, au point fixe déterminé par les Oppoſans. Suivant la route propoſée par leſdits ſieurs Maire & Echevins, la ſomme due au dernier compte, par le compte antérieur, ſeroit une pure fiction, ſuſceptible d'une augmentation arbitraire, & dont la vérification ſeroit impoſſible. Une troiſiéme & derniere raiſon qui rend indiſpenſable l'exhibition du compte de 1751, & des comptes poſtérieurs juſqu'au dernier, ſe tire de l'inſuffiſance de l'état actuellement mis ſur le bureau par leſdits ſieurs Officiers municipaux, lequel état n'eſt en lui-même autre choſe qu'une répétition du tableau de l'état des affaires de la ville préſenté par eux au Conſeil, & ſur lequel ils ont obtenu l'arrêt du 9 Février 1762, portant établiſſement du droit qui ſe trouve aujourd'hui l'objet de la réclamation des Oppoſans : Tableau que Mgr l'Intendant & S. M. procédant en ſon Conſeil à l'examen des moyens des Parties, ont jugé inſuffiſant, puiſque ſans le prendre pour motif de déciſion, S.

M. a ordonné par l'arrêt en vertu duquel nous ſommes aſſemblés, que l'on nous donneroit une connoiſſance, non vague & indéterminée ; mais préciſe & diſtincte des revenus, charges & dettes de notre ville : à l'effet de quoi, *d'abord les comptes d'icelle, & enſuite les devis & adjudications, & tous autres titres & piéces juſtificatives de dépenſes, nous ſeroient préſentés :* termes qui prouvent diſertement, que l'intention expreſſe de S. M. eſt, non-ſeulement que l'on nous éclaire ſur les dépenſes, en nous mettant à portée de les combiner avec les piéces juſtificatives; mais auſſi de nous éclairer également ſur la recette, ce qui ne peut être fait utilement que par l'examen des comptes dont il s'agit : auquel examen, au reſte nous n'entendons point procéder par voie de diſcuſſion & debats; mais uniquement pour nous donner par chaque année, des points fixes de la gradation progreſſive, par laquelle la dette de la ville en eſt venue au point, ſous lequel on nous la préſente : & ont leſdits ſieurs Députés des Oppoſans ſigné ſur la minute des préſentes.

Et a été répondu par leſdits Maire & Echevins, qu'animés du même eſprit de paix, ils n'ont jamais conteſté que les dettes de la ville en 1751, ſe montaſſent plus haut que de 17000 livres : ils en conviennent même dans l'état qu'ils préſentent ; mais il ſe ſont élevés avec force contre l'allegué d'un mémoire préſenté au Miniſtre, dans lequel M M. les Oppoſans aſſuroient que les dettes de la ville n'étoient que de 17000 livres en 1760. Cette imputation dont on ſent actuellement tout le faux, ne peut paſſer pour une erreur faite par mégarde, puiſqu'à la ſuite il eſt ajouté : comment eſt-il poſſible qu'une Communauté en deux ou trois années s'obére à un tel point ? Les Officiers mnnicipaux avoient donc le plus grand intérêt de détruire un fait qui ne pouvoit tourner qu'à leur déſavantage. Les Oppoſans ſe trompent lorſqu'ils prétendent que l'état remis ſur le bureau, n'eſt autre choſe que celui qui a été employé dans le tems que les Maire & Echevins présenterent leur requête au Conseil afin d'obtenir le nouvel octroi : il suffit d'en faire la comparaison pour en être convaincu : en effet, lorsque le nouvel octroi fut demandé, les Maire & Echevins dans leur suplique assurerent devoir encore une somme considérable sur le Don gratuit ; cette somme est entiérement remboursée. Ils représenterent qu'ils devoient plus de 50000 livres à l'entrepreneur des ponts ; au moyen des payemens qui lui ont été faits depuis, sa créance n'est portée dans l'état actuel que pour environ 20000 livres. Enfin le tableau des dettes de la ville en 1761, que l'on prétend être le même, se montoit à 287000 livres, & celui que l'on offre aujourd'hui ne se monte qu'à 233000 livres, non compris à la vérité quelques dépenses faites recemment & qu'il a été impossible d'y comprendre, parce que les mémoires n'en n'ont pas été fournis. La demande formée par MM. les Opposans de la représentation des comptes depuis 1751, est contraire à l'esprit de l'arrêt en vertu duquel nous sommes assemblés. Le dispositif de cet arrêt ordonne à la vérité qu'il soit dressé procès-verbal des dettes, mais il n'y est nullement question de revoir les comptes depuis 1751 ; les Maire & Echevins ne doivent représenter que ce qui a rapport à l'état actuel des dettes de la ville ; & c'est précisément ce qu'ils font en mettant sur le bureau les comptes du Don gratuit, ainsi que les devis & adjudications des autres dépenses. Cependant comme la conduite des Maire & Echevins est irréprochable, & qu'ils désirent avec empressement de voir terminer les difficultés qui les divisent avec un certain nombre de Citoyens, ils sont prêts de remettre sous les yeux de M. le Commissaire, les états de recette & de dépense, en observant néanmoins qu'ils ne peuvent y joindre des piéces justificatives, attendu qu'elles sont déposées à la Chambre des Comptes ; & ont lesdits sieurs Maire, Echevins & Syndic signé sur la minute des présentes.

Et de la part des Opposans a été repliqué, à l'égard de l'objection tirée de l'énoncé d'un acte extrajudiciaire : que c'étoit depuis l'année 1760, que la dette de la ville étoit montée de dix-sept mille livres à deux cent quelque mille livres; que cette erreur dénoncé de l'année 1760, pour celle de 1750, étoit une erreur & vice de Clerc, suffisamment corrigée & rectifiée par la requête des Opposans, visée par l'arrêt qui nous assemble ; dans laquelle requête, nousdits Opposans avons requis la représentation des comptes rendus par les Officiers municipaux, tant à la Chambre des Comptes, que pardevant Mr l'Intendant, depuis & compris l'année 1751, où (pour fixer déterminément cette époque) il étoit énoncé que M. Gouault avoit quitté la Mairie: à la représentation duquel compte de 1761, nousdits opposans insistons & persistons ; & ont lesdits sieurs députés des Opposans signé sur la minute des présentes.

Et par lesdits Maire & Echevins a été demandé acte de l'aveu fait par lesdits Opposans, que c'est un vice de Clerc échapé dans ce mémoire, qu'en l'année 1760 la ville n'étoit chargée que de 17000 liv. de dettes: au surplus que lesdits Maire & Echevins ne feroient point de difficulté d'exhiber les comptes depuis 1751, s'il n'étoit pas constant, entre les parties, qu'après la Mairie du sieur Gouault, les dettes de la ville ne montoient qu'à 17000 livres, & qu'après la Mairie immédiate du sieur Berthelin, les dettes de la ville ne montoient qu'à 22050 livres, ensorte que les dettes considérables, dont la ville est aujourd'hui chargée, ayant été contractées depuis l'époque de la Mairie de M. Gallien & pendant icelle, il n'est pas question de remonter plus haut que 1755; & ont lesdits Maire, Echevins & Syndic signé sur la minute des présentes.

Et par lesdits sieurs Opposans a été repliqué, que l'erreur reconnue par leur précédent dire, étoit assez suffisamment établie pour ne pas exiger un plus long commentaire; & que pour d'autant plus donner des preuves de leur intention de parvenir à un tableau général & fixe, tant des dettes de la ville, que de ses progressions, ils vouloient bien, attendu le peu de différence de ces mêmes dettes de l'année 1755, la ville ne devant la premiere époque que de 17000 livres, & à la seconde 22000 livres, partir des opérations de 1755; & ont lesdits sieurs députés des Opposans signé sur la minute des présentes.

Et attendu qu'il est l'heure du midi, nous avons le présent procès-verbal continué à deux heures après midi; & ont lesdites parties avec nous signé sur la minute des présentes.

Et Le Jeudi onze desdits mois & an, heure de deux heures de relevée, toutes les parties comparantes:

Par les sieurs Maire & Echevins a été dit, que pour satisfaire d'autant plus lesdits sieurs députés des Opposans & mettre tout en évidence, persuadés qu'ils n'ont point de part aux préjugés peu fondés qui se sont emparés des esprits; quoique en dernier résultat, lesdits sieurs députés se soient bornés à demander la représentation des comptes de la ville, depuis & y compris l'anné 1755; cependant dans la confiance que lesdits sieurs députés les examineront avec le zèle qui convient à de bons Citoyens tels qu'ils sont; lesdits Maire & Echevins ont mis à l'instant sur le bureau les comptes arrêtés, tant par la Chambre des Comptes, que par Mgr l'Intendant, depuis & compris l'année 1751; & pour remplir les vues de l'arrêt qui nous assemble & constater l'état des revenus, charges & dettes de la ville, ainsi que le produit du Don gratuit, ils vont établir en détail tous ces octrois.

ÉTAT DES REVENUS DE LA VILLE.

OCTROI.

LE droit d'octroi se perçoit à raison de 2 livres 13 sols 4 deniers sur chaque muid de vin, jauge de Champagne, vendu à pot, & de 3 liv. 6 sols 8 den. sur chaque muid de vin vendu à assiette; plus à raison de 4 livres pour chaque muid de vin, aussi jauge de Champagne, entrant dans ladite ville, avec les 4 sols pour livre & sol pour livre desdites sommes : ce droit a été accordé à la ville par arrêt du Conseil du 7 Juillet 1663, & a été affermé par adjudication faite pardevant Mgr l'Intendant le 20 Novembre 1762 pour six années, & ce pour le prix de trente-huit mille livres par chaque année, dont la premiere a commencé au premier Janvier 1763, à charge par l'adjudicataire de payer sur ladite somme de trente-huit mille livres, trente-six mille livres au Fermier des Aydes, ci.................. 38000 ₶

ROUAGES.

Le droit de rouage a été accordé à la ville de Troyes, à titre de patrimoine, par arrêt du Conseil du 7 Juillet 1663. Il se perçoit à raison de 10 sols par voiture de denrées, 20 sols par char aussi de den-

	₶
Montant ci-contre...........	38000
rées, 40 sols par voiture de marchandise, & 4 livres par char de la même espéce, à l'entrée de ladite ville, si ce n'est en passe-de-bout. Il est dû en outre le sol pour livre desdites sommes : l'adjudication faite pardevant Mgr l'Intendant le 20 Novembre 1762, est de dix-huit mille livres, par an pour six années, qui ont commencé au premier Janvier 1763, ci.......	18000

DOUBLEMENT DU ROUAGE.

Par arrêt du Conseil du 4 Mars 1755, il a été accordé à la ville de Troyes, pour vingt années, commencées au premier Octobre 1756 : le doublement des droits de rouage, qui se perçoit de même que celui dont on vient de faire mention, & dont par conséquent le produit peut être porté à la même somme de dix-huit mille livres, ci.......	18000
	74000

Nota. Il est bon d'observer que le doublement

Montant d'autre part......... 74000.

blement des droits de rouage n'étant accordé à la ville que pour un tems limité, il ne peut pas être compris dans l'état de ses revenus ordinaires.

Le total des revenus ordinaires & extraordinaires de la ville de Troyes se monte à la somme de soixante-quatorze mille livres, ci.. 74000.

ÉTAT DES CHARGES.

Par l'adjudication de l'octroi, le Fermier est obligé de payer aux Fermes générales la somme de trente-six mille livres par an, ci... 36000.

L'état des charges annuelles, fixées par l'arrêt du Conseil du 6 Avril 1680, & allouées à la Chambre des Comptes, se monte à la somme de deux mille deux cens dix-neuf livres onze sols, ci..... 2219. 11.

L'état des charges annuelles fixées, visées & allouées par Mrs les Intendans, ainsi qu'il se trouve porté dans les comptes, se monte à

38219. 11.

	₶ ß d.
Montant ci-contre.........	38219. 11.
la ſomme de ſix mille cent cinquante-cinq liv. dix ſols ſix den. ci	6155. 10. 6.
Il eſt dû à différens particuliers par contrat, dont les ſommes ont été employées pour le reſtant du rachat des Offices municipaux, & dont l'état ſe trouvera ci-après détaillé, vingt-deux mille cinquante livres de principal, dont on paye l'intérêt onze cent deux livres dix ſols, ci..	1102. 10.
Par l'arrêt du Conſeil du 4 Mars 1755, qui a accordé à la ville pour vingt ans le doublement des droits de Rouage, il lui a été permis d'emprunter cent cinquante mille livres; cet emprunt s'eſt effectué depuis 1755 juſqu'en 1758, & a été porté, ſuivant les contrats dont on donnera le détail ci-après, à la ſomme de cent cinquante-trois mille cinq cent livres de principal, pour leſquelles on paye ſept mille ſix cens ſoixante-quinze livres d'intérêts, ci	7675.
La dépenſe annuelle des Gardes	
	53152. 11. 6.

	#	ß	₶
Montant d'autre part.........	53152.	11.	6.
du Corps du Roi, en quartier en cette ville depuis quelques années, ſe monte ordinairement à la ſomme de dix à onze mille livres, conformément aux états qui ſont repréſentés, ci......................	11000.		
TOTAL................	64152.	11.	6.

Le total des revenus ſe monte à la ſomme de ſoixante-quatorze mille livres, ci................	74000.		
L'état des charges & rentes ordinaires monte à ſoixante-quatre mille cent cinquante-deux livres onze ſols ſix deniers, ci..............	64152.	11.	6.
Partant la recette excéde la dépenſe de la ſomme de neuf mille huit cens quarante-ſept livres huit ſols ſix deniers, ci..............	9847.	8.	6.

Sur cet objet la ville eſt chargée de l'entretien de dix-ſept mille toiſes de chauſſées, de ſes murs, dont ſept cens toiſes ſont abſolument ruinés, & les Fermiers généraux en demandent actuellement la reparation, ſans quoi ils veulent aſſujettir la ville aux droits de gros manquant dont elle a toujours été exempte.

Plus trois écluſes ſur la Seine ; cinquante-trois ponts, dont environ quarante-cinq en bois ; & perſonne n'ignore qu'un pont en bois ne dure que trente ans, encore en retabliſſant deux fois le couchis à neuf ; enſorte qu'il n'y a point d'années que l'on ne ſoit forcé d'en reconſtruire, ſans compter les reparations des autres, d'où il eſt aiſé de conclure que la ſomme reſtante ne peut ſuffire à ſes charges.

ÉTAT DES DETTES DE LA VILLE.

En 1751 lorſque M. Euſtache Gouault quitta la Mairie, la ville devoit dix-ſept mille cinquante livres, empruntées pour le rachat des Offices municipaux : Sçavoir,

Par contrat paſſé devant feu Rodin Notaire, le 27 Juillet 1737, au profit de Me de Souchet, au principal de trois mille neuf cens livres, ci...................	# 3900.
Autre paſſé devant ledit Rodin le 27 Mars 1738, au profit de Me André Laurent, au principal de cinq mille livres, ci................	5000.
Autre paſſé devant Rodin le 20 Novembre 1738, au profit de M. l'Abbé Lefebvre, au principal de trois mille livres, ci...........	3000.
Autre paſſé devant Rodin, au profit de M. l'Abbé Lefebvre, le 7 Janvier 1738, au principal de trois mille livres, ci................	3000.
Autre paſſé pardevant ledit Rodin le 17 Mai 1735, au profit de M. Renard, au principal de deux mille cent cinquante livres, ci....	2150.

MAIRIE DE M. BERTHELIN.

Un contrat ſous ſeing privé, au

17050.

Montant ci-contre............ 17050.

au profit de M. Calabre, Avocat, passé le 20 Novembre 1753, au principal de cinq mille livres, ci...................... 5000.

Nota. Cette somme ainsi que les précédentes a été employée pour supplement au rachat des Offices municipaux.

Emprunt de 153500 livres, fait en vertu de l'arrêt du Conseil du 4 Mars 1755, contract passé pardevant Moreau Notaire, du premier Juin 1755, au profit de Me veuve Parisot au principal de trois mille livres, ci................. 3000.

Autre dudit jour pardevant ledit Moreau, au profit de M. le Roy de l'Oratoire, au principal de six mille livres, ci................ 6000.

Autre du 10, Juin pardevant ledit Moreau, au profit de Me. Pierre le Muet, au principal de cinq mille livres, ci.................. 5000.

36050.

	₶
Montant d'autre part........	36050.

MAIRIE DE M. GALLIEN.

Autre du 19 Juin, pardevant ledit Moreau, au profit des orphelines de Saint Nizier, au principal de quatre mille livres, ci.......	4000.
Autre du 25 Juin, pardevant ledit Moreau, au profit de M. de la Chapelle, au principal de deux mille livres, ci.................	2000.
Autre du 5 Juillet, pardevant ledit Moreau, au profit de la D^lle Guignard, au principal de quinze cens livres, ci................	1500.
Autre du premier Août, pardevant ledit Moreau, au profit de M. Colinet, au principal de trois mille livres, ci...................	3000.
Autre du 19 Août, pardevant ledit Moreau, au profit de M. Truelle, au principal de trois mille livres, ci.......................	3000.
Autre, pardevant ledit Moreau, au profit de la veuve Camu-	
	49550.

Montant ci-contre.......... 49550.

ſat, au principal de cinq mille livres, ci.................. 5000.

Autre du 5 Septembre, pardevant ledit Moreau, au profit de M. de Corberon, au principal de cinq mille livres, ci.............. 5000.

Autre du 26 Septembre, pardevant ledit Moreau, au profit des Religieuſes de Notre-Dame, au principal de vingt mille livres, ci......................... 20000.

Autre du 2 Décembre, pardevant ledit Moreau, au profit de M. Deſſein, au principal de ſix mille livres, ci.................. 6000.

Autre du 27 Février 1756, pardevant ledit Moreau, au profit de M. Maillet, au principal de trois mille livres, ci............... 3000.

Autre du 13 Avril, pardevant Cligny, au profit de M. Debreuze, au principal de huit mille livres, ci. 8000.

Autre du 17 Avril, pardevant Moreau, au profit de la veuve

96550.

Montant d'autre part........	96550.
Motet, au principal de deux mille livres, ci....................	2000.
Autre du 3 Mai, pardevant Cligny, au profit de M. Lyon, au principal de quatre mille livres, ci.	4000.
Autre du 4 Mai, pardevant Moreau au profit de M. Corps, au principal de mille livres, ci.....	1000.
Autre du 10 Mai, pardevant ledit Clîgny, au profit de M. de la Chapelle, au principal de cinq mille livres, ci..................	5000.
Autre du 21 Juin, pardevant ledit Cligny, au profit de M. de la Chapelle, au principal de deux mille livres, ci.................	2000.
Autre du 26 Avril 1757, pardevant Moreau, au profit de Me de Rouch, au principal de dix mille livres, ci.................	10000.
Autre pardevant ledit Moreau, au profit de M. Huez, au principal de deux mille cinq cens livres, ci...........................	2500.
	123050.

Montant ci-contre.......... 123050.

Autre du 27 Août, pardevant Cligny, au profit de M. Colinet, de l'Oratoire, au principal de cinq mille livres, ci................ 5000.

Autre du 27 Septembre, pardevant Aumont, au profit de Me Gallien, au principal de deux mille livres, ci................ 2000.

Autre du 3 Décembre, pardevant Chastel, au profit de M. Royer, au principal de deux mille livres, ci.................... 2000.

Autre du 28 Décembre, pardevant ledit Chastel, au profit de Me de Rouch, au principal de dix mille livres, ci................ 10000.

Autre du 13 Mars 1758, pardevant Chastel, au profit des orphelines de Saint Nizier, au principal de trois mille livres, ci..... 3000.

Autre du 5 Mai, pardevant ledit Chastel, au profit de M. Carré, Chanoine, au principal de trois mille livres, ci............... 3000.

148050.

	₶
Montant d'autre part........	148050.
Autre du 7 Mai, pardevant ledit Chastel, au profit de la veuve Charpy, au principal de trois mille cinq cens livres, ci............	3500.
Autre du 3 Juin, pardevant ledit Chastel, au profit de la Dlle Ramond-Dupré, au principal de mille livres, ci................	1000.
Autre du 12 Juin, pardevant Moreau, au profit de M. de la Chapelle, au principal de trois mille livres, ci....................	3000.
Autre du 22 Juin, pardevant Aumont, au profit de la veuve Gallien, au principal de quatre mille livres, ci..............	4000.
Autre du 22 Juin, pardevant Chastel, au profit de M. Comparot de Bercenay, au principal de six mille livres, ci............	6000.
Et autre du 4 Juillet, pardevant Moreau, au profit de M. Huez, au principal de dix mille livres, ci....................	10000.
	175550.

Montant ci-contre....	₶ 175550.
Sur laquelle ſomme de cent cinquante trois mille cinq cens livres, a été donné à compte aux adjudicataires des ponts de S. Jacques, de Preize & des Mathurins, dont l'adjudication montoit à deux cens un mille huit cens ſoixante-deux livres ſix ſols cinq deniers, celle de cent cinquante mille huit cens cinquante-une livres dix ſept ſols ſix deniers. Plus celle de vingt-quatre mille cinq cens cinquante-neuf livres ſur l'excédent du Don gratuit.	
Partant reſte dû, vingt ſix mille quatre cens cinquante-une livres huit ſols onze deniers, ci......	₶ ſ ₫ 26451. 8. 11.
Cette ſomme, ainſi que celles qui ont été données en dernier lieu auxdits adjudicataires des ponts, auroient dû être payées dès l'année mil ſept cens cinquante-neuf, un an après la réception des ouvrages, ſuivant les conditions de l'ad-	
	202001. 8. 11.

	# ß ₶
Montant d'autre part........	202001. 8. 11.
judication approuvée par Monſeigueur l'Intendant, c'eſt pourquoi on ne peut légitimement leur réfuſer, une indemnité qui peut être évaluée à la ſomme de ſix mille livres, ci..................	6000.
Il eſt dû auſſi aux Dames Religieuſes de Foicy pour raiſon du terrain & de la non-jouiſſance lors de l'établiſſement du grand pont de St Jacques, une indemnité qui a été arbitrée en 1760, à huit mille trois cens dix livres dix ſols, ci..	8310. 10.
Il eſt dû à Millot pour adjudication de pluſieurs ponts, & autres réparations, ſuivant l'adjudication du 20 Juin 1762, la ſomme de quatre mille huit cens cinquante livres, ci..............	4850.
Plus audit Millot ſuivant ſon mémoire, pour ouvrages de maçonnerie, quatre-vingt dix-ſept livres dix ſols, ci................	97. 10.
A Plantin, ménuiſier, ſuivant	
	221259. 8. 11.

	#	ß	₶
Montant ci-contre............	221259.	8.	11.
ſon mémoire, quinze livres, ci..	15.		
A la veuve Truelle, ſuivant ſon mémoire, trente-neuf livres ſix ſols, ci...................	39.	6.	
A M. Cherot, ſuivant ſon mémoire, vingt-ſix livres huit ſols, ci.	26.	8.	
A Barthelemi, ſerrurier, ſuivant ſes mémoires, trois cens cinquante trois livres huit ſols, ci.....	353.	8.	
A Borgne, couvreur, ſuivant ſon mémoire, vingt-ſix liv. huit ſols, ci.	26.	8.	
A Briſſonnet, chandelier, pour bouteilles deſtinées pour les vins d'honneur, deux cens quarante-huit livres neuf ſols, ci.........	248.	9.	
La dépenſe de Meſſieurs les Gardes du Roi ſe monte annuellement comme on l'a dit plus haut, à la ſomme de dix à onze mille livres, ſur quoi il y en a eû de payé environ quatre mille livres, partant, reſte ſept mille livres, ci.........	7000.		
TOTAL, deux cens vingt-huit mille neuf cens ſoixante-huit livres ſept ſols onze deniers, ci........	228968.	7.	11.

On a donné d'après la copie, tous ces calculs & leur arrangement.

DON GRATUIT.

Par l'édit & déclaration de 1759. la ville de Troyes a été taxée à la ſomme de deux cens quarante mille livres, & par arrêt du 19 Mars de la même année, modérée à cent quarante mille livres, à condition de les payer comptant. En conſéquence les droits annexés au tarif ſur les denrées de conſommation lui ont été abandonnés pendant ſix années; la ville de Troyes pour jouir de cette diminution a emprunté cette ſomme, en a payé les arrérages, & vient d'en finir le rembourſement ſur le produit du Don gratuit. Ce produit a monté depuis le mois de Mars 1759, juſqu'au 31 Décembre 1762, que la perception a fini, à la ſomme de deux cens vingt-ſix mille ſept cens cinquante livres ſix ſols deux deniers. Partant, l'excédent des cent quarante mille livres payées au Roi, eſt de la ſomme de quatre-vingt ſix mille ſept cens cinquante livres ſix ſols deux deniers, dont trente-huit mille ſix cens trente-neuf livres dix-huit ſols dix deniers ont été employés en intérêts de l'emprunt & frais de régie; ainſi il eſt reſté de net au profit de la ville quarante-ſept mille huit cens quatorze livres ſeize ſols quatre deniers, qni ont ſervi à l'acquit d'une portion des dettes de la ville;

SÇAVOIR,

	#
Le 10 Mars 1762, à l'adjudicataire des ponts, ſept mille huit cens trente-neuf livres, ci..........	7839.
Le 28 Mai, au même, cinq mille neuf cens vingt livres, ci...	5920.
Plus du 5 Septembre au même, quatre mille huit cens livres, ci..	4800.
Le 15 Septembre pour le rachat de l'homme vivant & mourant des offices municipaux, huit mille ſix cens ſoixante ſix livres treize ſols	
quatre	18559.

	#	ß	#
Montant d'autre part........	18559.		
quatre deniers, ci..............	8666.	13.	4.
Le 26 Novembre 1762, à l'adjudicataire des ponts, six mille livres, ci....................	6000.		
Le 11 Avril 1763, remboursé à M. Fromajot, pour vin d'honneur, douze cens trente livres, ci.	1230.		
Ledit jour remboursé à Me. Berthelin, Echevin, pour frais de voiture du vin ci-dessus, trois cens cinquante-quatre livres quatorze sols, ci......................	354.	14.	
Le 16 Juin 1763, payé au sieur Lecureau une ordonnance pour l'adjudication de différens ouvrages, neuf mille six cens livres, ci.	9600.		
Plus, ledit jour au sieur Millot, une ordonnance pour l'adjudication de différens autres ouvrages, trois mille sept cens livres, ci...	3700.		
TOTAL...............	48110.	7.	4.

L'excédent du remboursement des intérêts & frais de régie n'est que de quarente-ſept mille huit cens quatorze livres ſeize ſols quatre deniers, ci.................... | # ß # 47814. 16. 4.

Partant, eſt dû au Receveur la ſomme de deux cens quatre-vingt quinze livres onze ſols, ci...... | 295. 11.

A l'inſtant, ledit ſieurs Maire & Echevins ont remis aux ſieurs Députés des Opposans, un état pareil des revenus actuels, charges & dettes de ladite ville, pour le vérifier chez les Notaires qui ont les minutes de toutes les dettes, contractées par la ville; & ont leſdits Maire, Echevins & Syndic ſigné ſur la minute des préſentes.

Et attendu l'heure de ſix, nous avons le préſent procès-verbal continué à demain, douze du courant, heure de huit du matin; & ont toutes les parties ſigné avec nous ſur la minute des préſentes.

Et le Vendredi 12 deſdits mois & an, heure de 8 du matin, toutes les parties comparantes, toute la Diée s'eſt paſſé à ſommer & rapporter ſous chaque année depuis 1751, le produit & la dépenſe des diverſes parties qui compoſent les revenus & charges de la ville de Troyes, ſous réſerves expreſſes de la part deſdits ſieurs Oppoſans, de vérifier enſuite, tant la recette que la dépenſe ſur les piéces juſtificatives des diverſes parties d'icelles; & ont leſdits ſieurs Députés des Oppoſans ſigné ſur la minute des préſentes.

Et attendu qu'il eſt l'heure de midi, nous avons le préſent procès-verbal continué au mardi 16 du préſent mois & an, à deux heures de relevée, du conſentement de toutes les parties qui ont ſigné avec nous ſur la minute des préſentes.

Et ledit jour, mardi 16 deſdits mois & an, à 2 heures de relevée, toutes les Parties comparantes; leſdits ſieurs Députés des Oppoſans ont dit: qu'ils ont de nouveau pris communication de l'état des dettes, des revenus & des charges de ladite ville, mis ſur le bureau dès la premiere Diée du préſent procès-verbal; & que l'examen qu'ils en ont fait n'ajoute rien à ce qu'ils répéteroient & à ce qu'ils ont déja dit à cet égard à ladite premiere Diée: que cet état est sans doute le même que celui que Sa Majesté & son Conseil ont eu sous les yeux, & qui est visé dans l'arrêt du 26 Juillet dernier: Etat que Sa Majesté a jugé avoir besoin d'un plus ample examen & vérification. Que cela emporte trois objets. 1°. Les dettes dont la ville est chargée. 2°. Ses charges & revenus ordinaires. 3°. Ses charges & revenus, tant ordinaires qu'extraordinaires: Qu'à l'égard des detes dont elle est chargée, la question se réduit à une question de fait; c'est-à-dire, à la vérification des divers contracts de constitution par elle passés au profit de différens créanciers; & à cet égard, il ne resteroit à examiner que la maniere & le temps dont ont été faits jusqu'à présent, les remboursemens des capitaux éteints, & s'il n'y avoit pas de deniers qui soient démeurés oisifs entre les différentes rentrées & les divers remboursemens.

Le second objet, concernant les revenus, tant ordinaires qu'extraordinaires, demande un plus profond examen. Si l'on ne veut pas s'en tenir à l'état visé par l'arrêt du Conseil, en prenant cet état à la lettre (auquel cas tout nouvel examen étoit inutile) on ne peut vérifier, & les Opposans ne peuvent certifier le produit de ces revenus, ni par conséquent constater la situation actuelle de la ville, d'une maniere satisfaisante pour S. M. & pour son Conseil, qu'en vérifiant les différens objets de recette des comptes des divers départemens, & en les conférant avec les seules piéces qui peuvent les établir ; c'est-à-dire, avec les comptes rendus aux sieurs Officiers municipaux par les différens commis & préposés à la perception ou à l'inspection desdites parties de recette ; se réservant lesdits sieurs Opposans, comme dessus, pour mettre ces objets dans toute l'évidence que requiert leur importance, de vérifier lesdits comptes desdits commis où préposés, par voie de comparaison avec les registres de recette tenus par les commis aux aydes, ou autres commis à la perception des droits

Royaux, pour les objets de recette correspondans, avec les objets de recette des différens départemens de la ville ; & à cet effet, en se réservant la vérification des dettes qui forment le premier objet, & des charges, tant ordinaires qu'extraordinaires qui composent le troisiéme, lesdits sieurs Députés, somment & interpellent lesdits sieurs Officiers municipaux de mettre présentement sur le bureau, & de joindre aux comptes rendus par eux, tant à la Chambre des Comptes, que pardevant Monseigneur l'Intendant depuis l'année 1751, les comptes à eux rendus par leurs commis dans les différens départemens, & les registres desdits commis, sous les réserves ci-dessus. Et ont lesdits sieurs Députés des Opposans signé sur la minute des présentes.

Et par lesdits sieurs Maire & Echevins a été répliqué, qu'ils ont plus que satisfait à l'arrêt du 26 Juillet dernier, en mettant pendant trois Diées consécutives entre les mains & sous les yeux desdits sieurs Opposans, les comptes qui ne sont autre chose que des extraits & des états certifiés des registres des Receveurs, par lesquels comptes le temps, la maniere & le moment de leur recette & dépense, sont constatés chaque année, depuis 1751, jusques & compris l'année 1762 : que l'esprit de cet arrêt & l'intention du Conseil qui l'a dicté, n'a jamais été que de constater l'état actuel des dettes de la ville, que c'est s'en écarter visiblement & de la maniere la plus sensible, que de rechercher depuis 11 ans, une administration visée & autorisée chaque année, tant par la Chambre des Comptes, que par Mgr l'Intendant. C'est pourquoi lesdits sieurs Maire & Echevins se trouvent forcés quant à présent de se renfermer & de persister dans leur précédent dire, & de demander acte à M. le Commissaire de la représentation qu'ils ont faite les 11 & 12 du courant, des comptes annuels de recette & dépense, depuis l'année 1751, jusques & compris l'année 1762, ensemble de ceux de la perception & emploi du Don gratuit; comme aussi des états qu'ils ont produit & qui ſont inſerés au procès-verbal de leurs dettes actuelles, charges & revenus ordinaires & extraordinaires. Et ont leſdits ſieurs Maire, Echevins & Syndic ſigné ſur la minute des préſentes..

Et de la part des ſieurs Députés des Opposans a été répondu, que ne pouvant imaginer que le préſent procès-verbal ait été ordonné par Sa Majeſté, dans la vue ſeulement de faire vérifier des opérations purement arithmétiques répandues, tant dans les comptes que dans l'état mis ſur le bureau ; ils ont perſiſté à la repréſentation deſdits comptes des commis de la ville & de leurs regiſtres, ſous les réſerves que deſſus : laquelle repréſentation des regiſtres des commis leur paroît d'autant plus eſſentielle, que ce ſont les ſeuls titres & piéces juſtificatives de la recette ; & ſur leſquels, par la vérification & comparaiſon que l'on peut en faire avec les regiſtres des Aydes, quant à certains objets, on peut s'aſſurer ſi les commis perçoivent exactement tout ce qu'ils doivent percevoir, & s'ils rendent un compte exact de tout ce qu'ils ont réellement perçu ou du perçevoir. Cette repréſentation paroît d'autant plus importante aux Oppoſans, que dans les derniers comptes que les ſieurs Officiers municipaux leur ont repréſentés, la recette de certains objets ſe trouve de beaucoup au-deſſus de celle des années précédentes, quoique les denrées & la conſommation d'icelles, ſujettes à certains droits, excéde de beaucoup celle des années précédentes : faute de laquelle repréſentation, il eſt par conſéquent impoſſible auxdits Oppoſans de conſtater par titres & piéces juſtificatives, ainſi qu'il eſt porté par l'arrêt, l'état actuel de la ville, de ſes charges & de ſes revenus. Et ont leſdits ſieurs oppoſans demandé acte au ſieur Commiſſaire, de la ſommation & interpellation par eux faite aux ſieurs Officiers municipaux, de leur communiquer les regiſtres deſdits commis : non qu'ils veuillent procéder à l'examen des comptes, ainſi qu'ils s'en ſont déja expliqués, par forme de diſcuſſion & de debats ; mais ſeulement, ainſi qu'ils s'en ſont pareillement expliqués dans leur premier dire, auquel il se réferent, & demandent acte en outre du refus à eux fait par lesdits sieurs Officiers municipaux de représenter lesdits registres, & ont lesdits Députés des Opposans signé sur la minute des présentes.

Et par lesdits Maire & Echevins a été répliqué : que les comptes qu'ils ont représentés & mis sur le bureau sont précisément, quant à la premiere & seconde partie du rouage, les mêmes qui ont été visés & approuvés par Mr l'Intendant, dont ils ont pû reconnoître l'attache à la fin d'iceux. Et qu'à l'égard des comptes de l'octroi ; comme aussi encore de la premiere partie du rouage, ils n'ont pû représenter les arrêts de la Chambre des Comptes, que pour les années 1751, 1752 & 1753, parce que ces seules années ont été renvoyées par les Officiers de ladite Chambre ; mais que pour réparer le défaut des années subséquentes, ils ont mis sur le bureau les comptes mêmes qui leur ont été rendus par leurs Receveurs, & dont les états de recette & de dépenſe ſont vérifiés, non-ſeulement par le Maire & les Echevins, mais encore par MM. les anciens Echevins, & par quatre de MM. les Conſeillers de ville. Leſdits Maire & Echevins perſiſtent dans leurs précédens dires & proteſtations: offrant néantmoins de remettre, quant à préſent, entre les mains deſdits ſieurs Oppoſans: un état des dettes pour les vérifier ainſi qu'ils aviſeront bon être. Et ont leſdits Maire, Echevins & Syndic ſigné ſur la minute des préſentes.

Et de la part deſdits ſieurs Oppoſans a été dit; que dans l'examen d'un compte quelconque, la vérification de la recette étant le premier objet, & cette vérification ſe trouvant impoſſible dans l'eſpéce, faute de repréſentation des piéces requiſes par les Oppoſans; ils croyent inutile & fruſtratoire, quant à préſent, d'entrer dans l'examen des dettes, avec d'autant plus de raiſon, que quand à la partie des charges & dépenſes, une partie des piéces dont il s'agit, ſont, au dire des ſieurs Officiers municipaux, demeurées tant à la

Chambre des Comptes qu'au Sécrétariat de l'Intendance : dire qui eſt entierement oppoſé à l'obligation ſtricte, dans laquelle ſont leſdits ſieurs Maire & Echevins, aux termes de différens édits & déclarations concernant la Mairie particuliere de cette ville, de tenir un regiſtre, ſur lequel doivent être inſcrites toutes les ordonnances qui ſont par eux decernées ; à l'effet d'établir en tous temps & en toute occaſion, les motifs & les objets qui ont déterminé ces mêmes ordonnances : regiſtre qui ſupléroit, s'ils étoient réellement dans l'intention de ſatisfaire au diſpoſitif de l'arrêt, à l'impoſſibilité où ils prétendent être de repréſénter partie des piéces juſtificatives de leurs comptes. Cette repréſentation du regiſtre contenant l'enregiſtrement des ordonnances, paroît aux yeux des Oppoſans, d'autant plus indiſpenſable, que ſur l'examen qu'ils ont fait en gros de la repréſentation du premier compte de l'année 1754, qui leur a été mis ſous les yeux par leſdits ſieurs Maire & Echevins, ils y ont trouvé deux objets, l'un de 21000 mille quelques 100 livres, & l'autre de 12000 mille livres, ſans qu'il ſoit poſſible de connoître pourquoi deux ſommes auſſi conſidérables ont été dépenſées. Il en eſt de même de pluſieurs autres articles, ſur leſquels il n'eſt pas également poſſible de tirer le moindre éclairciſſement. Et comme en perſiſtant fixement par leſdits Maire & Echevins dans leurs précédens dires, qui ne tendent en bon françois, qu'à éluder l'exécution de l'arrêt, & qu'à s'écarter de ſon eſprit, auquel nous avons toujours cherché à les ramener, croyent devoir leſdits ſieurs Oppoſans en finiſſant rémettre ſous les yeux de Sa Majeſté & de ſon Conſeil, qu'il leur eſt apparu qu'on a cherché à donner une idée de la ſituation de la ville, différente de celle ou elle ſe trouve, en tirant d'abord pour dette réelle de 6000 livres de prétendus intérêts envers des adjudicataires qui n'ont aucune eſpéce de titre pour en répéter. 2°. En portant également comme une dette réelle de 8318 livres, une prétendue indemnité envers les Dames Religieuſes de Foicy, pour un petit eſpace de terrain qu'elles ont perdu pour la conſtruction du nouveau pont. Ils croyent encore devoir obſerver, que ſi aux termes de l'arrêt de 1755, qui autoriſant un emprunt de 150000 livres, en a en même temps déterminé l'emploi, les prétendues dettes ſur leſquelles, par l'impoſſibilité où leſdits ſieurs Maire & Echevins les ont réduits par le défaut des juſtifications, ci-devant requiſes, ils ne peuvent rien dire de poſitif, ne ſeroient pas auſſi fortes qu'on les a annoncées.

Ils croyent devoir encore obſerver qu'il y a une contradiction manifeſte entre le dire deſdits Maire & Echevins, rélativemant au montant de ces dettes inſérées dans la requête par eux préſentée au Roi le 9 Février 1762; & l'état actuel qui en a été par eux rémis ſur le bureau. Dans leur requête ils ont expoſé qu'ils devoient 287936 livres, & dans l'état ils ne doivent plus que 228000 liv. ce qui donne lieu naturellement de penſer que les dettes ont été exagerées dans la ſeule vue d'obtenir un nouvel octroi. Ne peuvent encore ſe diſpenſer leſdits ſieurs Oppoſans d'obſerver que leſdits Maire & Echevins ſe ſont écartés ouvertement de la diſpoſition de l'arrêt de 1755, d'abord en faiſant conſtruire à neuf 3 ponts qui ont couté enſemble 201862 livres, tandis que la ſomme qu'ils ont été autoriſés à emprunter ne devoit, aux termes dudit arrêt, être employée qu'en réparations & réconſtructions : que d'ailleurs, aux termes de toutes les Loix, leſdits ſieurs Maire & Echevins ne pouvoient faire des dépenſes auſſi extraordinaires & auſſi ruineuſes, ſans une convocation & une aſſemblée générale de tous les Corps, Communautés & Compagnies. Ils ne pouvoient pas plus de leur chef, faire depuis nombre d'années des députations à gros frais, & dont une ſeule, ainſi qu'il nous eſt apparu à l'inſpection des comptes, a couté plus de 27000 livres. Qu'ils croyent encore devoir obſerver que c'eſt également contre l'intention de la Mairie

& les loix les plus poſitives ſous leſquelles elle a été formée par le Prince, que toutes ces dépenſes ont été faites, & que depuis huit à dix années, il a été employé des ſommes conſidérables à ſoutenir & intenter en toutes occaſions de la part deſdits Maire & Echevins, des procès contre toutes les Compagnies. Et qu'en proteſtant relativement à tous les objets dont ils viennent de s'expliquer, & autres ſur leſquels ils veulent bien, quant à préſent, garder le ſilence, ils font encore les proteſtations les plus formelles de ſe pourvoir pardevant le Supérieur, relativement à la ſurcharge de capitation exercée contre pluſieurs des Communautés oppoſantes, notamment contre les habitans des Faux-foſſés; & ont leſdits ſieurs Oppoſans perſiſté au préſent dire, & ſigné ſur la minute des préſentes.

Et par meſdits ſieurs les Maire & Echevins a été répondu, qu'à l'égard de la prétention dans laquelle leſdits ſieurs Oppoſans perſiſtent pour la repréſentarion des regiſtres; ils perſiſtent auſſi dans tout ce qu'ils qu'ils ont dit précédemment, notamment dans leur dernier dire. Quant aux arrêts & réglemens concernans la ville de Troyes, & suivant lesquels lesdits sieurs Opposans soutiennent la représentation d'un regiſtre où doivent être inscrites toutes les ordonnances tirées sur les Receveurs. Les sieurs Maire & Echevins ne connoissent d'autres réglemens qui ayent rapport, soit direct, soit indirect, avec l'administration de l'Hôtel de cette ville, que la chartre d'établissement de la Mairie donnée au Plessis-du-Parc au mois de Février 1482, le procès-verbal fait en exécution d'icelle en 1493, & l'arrêt donné à Caën en 1620, portant réglement entre les Officiers municipaux & les Officiers du baillage. Les trois réglemens dont est question, n'assujettissent nullement les Maire & Echevins à tenir un registre tel que celui ci-dessus mentionné; ils observent au surplus toutes les régles qui leur sont prescrites par les ordonnances & par les réglemens: mais comme dans le moment présent ce seroit s'écarter de l'esprit de l'arrêt du 26

Juillet dernier, auquel lesdits sieurs Opposans voudroient donner une extension beaucoup plus considérable qu'il n'a effectivement, lesdits sieurs Maire & Echevins se contenteront d'observer que les deux objets de dépenses dont se plaignent lesdits sieurs Opposans, & portés dans le compte de 1754, leur sont absolument étrangers, puisqu'ils sont fort antérieurs à leur administration; cependant ils peuvent répondre avec confiance, & même avec certitude que des ouvrages essentiels à cette ville, & qui ont été faits en 1753 & 1754, au vû & au sçû de tous les habitans, justifient pleinement l'emploi des deniers, dont on peut prendre encore une connoissance plus particuliere au Greffe de la Chambre des Comptes, ou lesdites piéces sont déposées avec le compte de ladite année 1754. Ce n'est pas avec plus de raison que lesdits sieurs Opposans se plaignent de deux objets de dépenses insérées au procès-verbal à l'article des dettes au sujet des dédommagemens que l'on prétend être dûs aux entrepréneurs du pont, & aux Dames Religieuses de Foicy : ce n'est qu'avec peine que les Officiers municipaux les admettront : ils seront obligés de se conformer aux ordres de leurs supérieurs, ils s'en rapporteront à la décision de Mgr l'Intendant ; & verront toujours avec la plus grande satisfaction les dettes de leur ville diminuer.

A l'égard de la prétendue contradiction que lesdits sieurs Opposans supposent entre l'état de leurs dettes fourni avant l'obtention du nouvel octroi, & celui qu'on représente aujourd'hui, il suffit pour la détruire de jetter les yeux sur les comptes qui ont été précédemment insérés au procès-verbal. L'état actuellement représenté, est à la vérité moins considérable que celui fourni en 1761, de cinquante & quelques mille livres ; mais l'excédent du Don gratuit, joint à la grande œconomie qui a été apportée dans les revenus ordinaires, & qui a été poussée jusqu'à s'abstenir de dépenses nécessaires, ont réparé le vuide qui paroît, & ont opéré le remboursement des cinquante & quelque mille. Les Maire & Echevins connoissent, comme ils l'ont déja dit *, les réglemens qui concernent leur administration ; & c'est précisément sur ces mêmes réglemens qu'ils maintiennent & soutiennent qu'ils sont seuls, conjointement avec le Conseil de ville, & sous l'autorisation de M.r l'Intendant, compétens pour décider des constructions & réparations des Edifices ; comme aussi pour prendre un parti lors des députations & de la suite des procès qui sont jugés nécessaires pour le soutien de la jurisdiction de la ville, le bien & l'avantage de ses Citoyens, sans qu'il soit bésoin d'assemblées générales aux termes de l'arrêt de Caën de 1620, article XIV.

* Voir la déclaration de 1683. au sujet des Communautés.

La comparaison que les Opposans font de l'emprunt de 150000 livres, avec l'adjudication des ponts portée à 201000 liv. tombe d'elle-même : personne n'ignore que toutes sortes d'ouvrages sont susceptibles d'augmentations, & qu'en particulier tous les ouvrages assis sur les rivieres ne peuvent être exactement arbitrés, ce qui eſt ſi vrai, que jamais aucun adjudicataire ne ſe charge à ſon compte des épuiſemens.

Les Maire & Echevins termineront le préſent dire, en témoignant la ſurpriſe & l'étonnement dont ils ſont affectés, de l'imputation qui leur eſt faite, & à laquelle ils sembloient n'avoir pas lieu de s'attendre. Les ſieurs Oppoſans ſuppoſent de la part d'eux, Maire & Echevins, un eſprit d'animoſité & de vengeance, dont ils ont le plus grand intérêt à ſe juſtifier. Il ſuffit pour ſe convaincre du peu de fondement de cette imputation, de faire attention au GRAND NOMBRE DE PERSONNES AISÉES qui ſont mortes dans le courant de l'année derniere, OU QUI ONT ABANDONNÉ LA VILLE; & comme elles n'ont point été remplacées, leur decès ou leur abſence ont donné lieu à un rejet TRÉS-CONSIDÉRABLE, dont à la vérité les déhors ont ſupporté la majeure partie, parce qu'ils avoient éprouvé une diminution très-ſenſible, il y a deux ans, & l'augmentation qu'ils ſupportent aujourd'hui, eſt inférieure à la diminution dont on vient de parler, & d'ailleurs elle a été répartie également ſur tous les faux-bourgs: même ſur ceux qui n'ont adhéré à l'oppoſition au nouvel octroi. Et ont leſdits ſieurs Maire, Echevins & Syndic ſigné ſur la minute des préſentes.

Deſquelles comparutions, dire, requiſitions & proteſtations reſpectives, nous avons donné acte, & dreſſé le préſent procès-verbal pour être envoyé au Conſeil. Et ont les Parties ſigné avec nous ſur la minute des préſentes. *Signé*, enfin N. Camuſat, Maire, Calabre, Berthelin, Fromageot, Truelle, J. B. J. Camuſat, J. B. Langlois, Maimard, la Maniere. Demeſgrigny - Villebertain, le Febure, Groſley & Paillot, ci. *Signé* Paillot avec ſimple trait.

LETTRE DES OPPOSANS

A Monſeigneur le Contrôleur général, ſur le réſultat & ſur quelques particularités du Procès-verbal.

MONSEIGNEUR,

LE procès-verbal ordonné par l'arrêt du Conſeil du 26 Juillet dernier, vient d'être fait à la diligen[illegible] de nos Officiers municipaux, & il fut clos le 17 de ce mois, pour être envoyé à votre Grandeur.

En le diligentant, les Officiers municipaux avoient pris, pour en empêcher l'effet, des précautions dont nous croyons devoir inſtruire votre Grandeur.

1°. Le Commiſſaire qui, en ſa qualité de Subdélegué, ſe trouvoit chargé de cette opération, étoit en même-temps allié au Maire actuel, neveu par ſa femme d'un des anciens Maires, dont les comptes étoient à examiner; & enfin l'un des douze Conseillers de ville, & en cette qualité, il avoit eu part aux délibérations & résolutions du Conseil de ville contre l'opposition. Nos Officiers municipaux avoient imaginé, qu'en le révoquant, nous ferions nous-mêmes manquer l'opération, & les laisserions maîtres du champ de bataille. Ils se sont trompés, après un petit dire sur nos moyens des récusation, nous avons poliment consenti à donner nos dires, & à faire nos requisition pardevant M. le Subdélegué.

2°. Ils avoient fait assigner en particulier tous les Corps & Communautés opposantes, à comparoir à l'Hôtel de ville même, & à l'heure précise indiquée par le Commissaire, pour l'ouverture du procès-verbal; & cette assignation n'avoit qu'un jour de délai. Nous avons profité de ce court espace pour tenir une assemblée particuliere des Opposans, évitant par-là l'espéce de cohue, dont les Officiers municipaux se proposoient de tirer parti, pour éloigner de l'Hôtel de ville les Opposans, & les en chaſſer comme mauvais train. Dans cette Aſſemblée particuliere, ont été nommés pour Députés au procès-verbal, 4 des Syndics, ci-devant choiſis par les Oppoſans, & dont l'un eſt Syndic de l'Egliſe Cathédrale de Troyes, & l'autre de la Collégiale de St Urbain. Les 2 nouvellement choiſis ont été M. le Comte de Villebertain, Vicomte de Troyes, Lieutenant général d'Epée du Bailliage de Troyes, parent de M. Moſlé, premier Préſident, & Prépoſé par S. M. à la répartition de la Capitation de la Nobleſſe du Bailliage: l'autre a été M. de la Maniere, Miniſtre des Mathurins, qui a mérité d'être choiſi depuis long-temps, pour l'un des Conſeillers de la Chambre Eccléſiaſtique. Ils ont accepté la députation, & c'eſt avec eux que tout s'eſt paſſé.

3°. Pour réfroidir le zèle de ces Députés, les Officiers municipaux ont fait répandre par différentes perſonnes, & notamment par une des premieres perſonnes du Bailliage, qu'il y avoit des Lettres de cachet pour ceux qui ne ſe comporteroient pas convenablement, & en outre, une interprétation de l'arrêt pour lever toutes les difficultés que pouvoient faire naître ceux qui penſeroient autrement qu'eux ſur cet arrêt. Ces prétendues Lettres de cachet ne nous en ont point impoſé. Quant à l'interprétation de l'arrêt, nous avons oui dire vaguement dans le public, qu'elle ſe réduiſoit à une lettre ſans autorité.

Tous ces petits ſubterfuges éludés, nous ſommes entrés en matiere, en demandant la repréſentation des comptes depuis l'année 1751, & en rejettant un état informe des dettes de la ville, mis ſur le bureau par les Officiers municipaux.

Après bien des difficultés ſur la repréſentation de ces comptes, il nous en ont enfin livrés, & après y avoir jetté les yeux, nous nous ſommes convaincus, que pour en tirer des lumieres ſatisfaiſantes pour votre Grandeur, il falloit néceſſairement nous mettre en état d'en vérifier la recette par une comparaiſon exacte avec les regiſtres des commis, d'où cette recette avoit été tirée, & que ces regiſtres pouvoient ſeuls établir.

Cette demande a été traitée comme frivole, indécente & contraire à la lettre & à l'eſprit de l'arrêt.

Nous avons repliqué que nous y perſiſtions, ne pouvant imaginer que le procès-verbal ordonné par Sa Majeſté ne fut à autre fin, que de vérifier les opérations purement arithmétiques répandues, tant dans l'état informe à nous préſenté, que dans les comptes mis ſur le bureau.

On nous a enſuite ſommé de vérifier au moins les dettes & les charges, ſur les piéces juſtificatives. Nous avons répondu que dans tout compte, la recette & ſa vérification, étoient la baſe néceſſaire de tout examen, & que d'ailleurs celui des dettes ne pouvoit ſe faire actuellement : les Officiers municipaux nous déclarant eux-mêmes que la plus grande partie des piéces de dépenſe étoient démeurées, ſoit au Greffe de la Chambre des Comptes, ſoit au Secrétariat de l'Intendance; & ſur cela le procès-verbal a été clos.

Tel eſt, M. le précis d'une opération que nous aurions deſiré pouvoir rendre plus lumineuſe & plus fructueuſe. Le très-ample procès-verbal qu'en recevra inceſſamment Votre Grandeur, lui mettra ſous les yeux les détails de notre marche & de nos combats.

Il eſt terminé par quelques obſervations auxquelles nous n'avons pû nous refuſer ſur le coup d'œil du bref état des dettes & ſur les comptes : nous y avons joint quelques obſervations ſur les cauſes primitives des maux dont nous nous plaignons, & du triſte état auquel notre ville eſt réduite : ces obſervations & d'autres que nous avons voulu épargner aux Officiers municipaux, méritent toute l'attention de votre Grandeur.

Nous ſommes avec le plus profond reſpect,

MONSIEUR,

De Votre Grandeur,

Les tres-humbles & obéiſſans ſerviteurs.

Le 17 Août 1763.

REQUESTE DES OFFICIERS MUNICIPAUX,

En réparation & dommages-intérêts.

SIRE,

LES Maire, Echevins & Conseiliers de la ville de Troyes, remontrent très-humblement à Votre Majesté & à Nosseigneurs de son Conseil, que les propos injurieux que quelques Corps de la ville de Troyes ont affecté de répandre, & même de consigner dans des écrits contre l'Administration municipale, ont été portés au point que V. M. toujours attentive au bon ordre, à crû devoir instruire sa religion sur des faits aussi graves : par la vérification, les faits se sont trouvés calomnieux ; & les Supplians ont donc la satisfaction d'être justifiés aux yeux de V. M. ; mais ils ne le seront jamais aux yeux du public, & sur tout aux yeux du peuple de la ville de Troyes. Si V. M. ne daigne prononcer contre les Auteurs de ces propos, des réparations proportionnées à l'injure faite au Corps municipal, & la perſonne des Officiers chargés de le repréſenter. Les faits & les circonſtances mettront V. M. en état de ſtatuer ſur la réparation due aux Supplians.

La réconſtruction de deux ponts aſſis ſur une grande route, les réparations & l'entretien de 53 ponts, 8 écluſes, 17000 toiſes de chauſſées, 3000 toiſes de murs & autres ouvrages publics à la charge de la ville de Troyes : la longue réſidence des Grenadiers, & enſuite des Gardes du Corps avoient tellement arrieré la ville de Troyes, qu'à l'époque de 1760, elle devoit 197456 liv. 6 ſols 4 deniers : depuis ce temps les dettes ſont augmentées, elles montent à 2340[illegible]0 livres : il s'agiſſoit d'obtenir un ſecours extraordinaire, capable d'acquitter ces dettes : les Officiers municipaux crurent que l'impoſition la moins onéreuſe pour remplir cet objet, ſeroit la continuation de la perception de l'octroi qui avoit été établi pour fournir à S. M. ce Don gratuit ordonné par l'édit de 1758, ils en demanderent la continuation : l'état des dettes joint à l'appui de leur demande, ayant été communiqué au sieur Intendant de la Province : il fut rendu sur son avis le 9 Février 1762, un arrêt au Conseil d'Etat, par lequel V. M. a autorisé les Supplians à faire lever & percevoir au profit de la ville, à commencer du premier Janvier 1763, jusqu'au dernier Septembre 1770, le même octroi qui avoit été établi pour le Don gratuit.

Quelques particuliers inquiets & ennemis de l'Administration, ont entrépris de traverser l'établissement de cet octroi. Ils n'ont pas osé d'abord l'attaquer ouvertement; ils l'ont fait secretement denoncer à la Cour des Aydes de Paris; ils sont parvenus à surprendre sa religion, au point de faire rendre en cette Cour un arrêt le 25 Février 1763, qui a fait défenses aux Supplians à peine de concussion, de faire percevoir l'octroi ordonné par V. M.

Les Supplians ont dénoncé cet arrêt à V. M. qui frappée de l'entreprise faite sur son autorité, a rendu dans son Conseil d'Etat un second arrêt, qui sans s'arrêter à celui de la Cour des Aydes du 25 Fêvrier 1763, a ordonné que les arrêts de son Conseil des 9 Février & 26 Décembre 1762, seroient exécutés selon leur forme & teneur, & en conséquence, que l'octroi dont il étoit question, continueroit d'être levé & perçu sans aucune interruption pendant 8 années portées par lesdits arrêts, nonobstant toutes oppositions ou empéchemens quelconques, pour lesquels ne seroit différé, dont V. M. s'est réservée la connoissance, qu'elle a interdit à toutes les Cours & autres Juges.

En exécution de cet arrêt, les Supplians ont fait reprendre la perception de cet octroi.

Les ennemis de l'Administration municipale, ont enfin reconnu le tort qu'ils avoient eu d'exciter la Cour des Aydes contre une opération émanée de V. M. comme chef d'Administration : ils se sont adressés

adressés au Conseil ; mais devenus furieux de leur premiere défaite ; ils ont mandié des suffrages, & ont donné sous le nom de plusieurs Corps, une requête, dans laquelle ils se sont opposés à l'exécution de l'Arrêt, portant établissement de l'Octroi.

Pour surprendre V. M., cette requête est intitulée sous le nom de quelque Corps & de quelques Communautés, que l'on représente comme formant la plus considérable & la plus saine partie de la ville de Troyes ; mais les Supplians ont demontré que les Opposans ont été déterminés, les uns par des motifs d'intérêt personnel, les autres par une espéce d'animosité & de vengence : Qu'enfin tous ces réclamans, loin de réunir la pluralité des Corps & des habitans n'en formoient pas la centiéme partie.

Dans cette requête & dans les mémoires particuliers, dont on a affecté d'inonder le Ministere, on répand les nuages les plus épais sur l'administration des Supplians : on a la témérité d'avancer & de publier, qu'en 1760, elle ne devoit que

17000 livres ; que depuis cette époque, ses revenus étoient considérablement augmentés ; & par-là, l'on insinue que la Ville de Troyes, loin d'avoir besoin des secours qu'on veut lui procurer par l'établissement d'un nouvel octroi ; elle doit au contraire avoir des fonds dans son trésor.

Y eut-il jamais propos plus injurieux pour l'administration ! Les Supplians avoient demandé à V. M. un secours extraordinaire pour acquitter plus de 200000 livres de dettes. V. M. depuis les éclaircissemens qui lui ont été donnés par le sieur Commissaire départi, & sur son avis, accorde les secours qui leur sont demandés ; & c'est dans ces circonstances que l'on a osé attester à V. M. que la Ville n'a pas besoin de secours.

V. M. toujours attentive au bon ordre, frappée d'une opposition fondée sur des faits aussi graves, qui tendoient, ou a inculper les Officiers municipaux dans leur Administration, ou à rendre criminels les auteurs des propos injurieux, pour s'éclaircir dans une circonstance aussi importante a pris le sage parti d'ordonner par arrèt de son Conseil du 26 Juillet dernier, « qu'avant faire droit, dans le » mois, il seroit dressé un procès-verbal » pardevant le sieur Intendant & Commis- » saire départi en Champagne, ou parde- » vant son Subdélegué à Troyes, des re- » venus, charges & dettes de ladite ville, » à l'effet de quoi, les comptes d'icelle, » les devis & adjudications des ouvrages » étant à sa charge, & les autres titres & » piéces justificatives de dépense seroient » représentés, lequel procès-verbal seroit » dressé en présence des Maire, Echevins » & Syndics de la ville, & de six des Op- » posans; & cependant V. M. ordonne » par provision que les droits d'octroi » qui font l'objet de la contestation, » continueront d'être perçus, sauf à être » par elle ordonné sur le vû dudit procès- » verbal, & de l'avis dudit sieur Commis- » saire départi, ce qui sera jugé nécessaire » pour la perception dudit octroi.

Cet arrêt a été exécuté, le procès-verbal a été dressé, & il constate qu'il est faux qu'en 1760, la ville ne dût que 17000 l. il prouve au contraire qu'à cette époque elle étoit endettée de plus de 197000 liv. qu'avec tous les secours qu'elle a eus, & la plus sage administration, ces dettes loin d'avoir pû être amorties, sont au contraire augmentées, & sont actuellement à 234000 livres, & que les revenus de la ville sont absolument impuissans pour la libérer, d'où résulte la conséquence nécessaire : qu'elle a besoin de secours extraordinaire ; & que les requêtes & mémoires des Opposans n'ont eu d'autre motif que de decrier les Officiers qui sont à la tête de l'Administration des revenus de la ville. Il résulte de ce procès-verbal une justification complette de la conduite des Supplians ; mais quelque précieuse que soit pour les Supplians cette justification aux yeux de V. M. elle sera toujours imparfaite, si V. M. ne daigne la rendre aussi publique que l'outrage : si elle ne prononce pas contre les auteurs de la diffammation des peines proportionnées à l'injure ; le délit demeurant impuni, laissera toujours des ténébres dans l'esprit de la province & du peuple, contre l'Administration : elle laissera dans une espèce de discrédit un Conseil municipal, qui ne peut faire le bien qu'en conservant une réputation qu'il a toujours si justement méritée ; enfin il laissera aux coupables la secrette satisfaction d'avoir publiquement & impunément outragé leurs adversaires, de les avoir constitué, ou plutôt le Corps de ville dans les dépenses considérables, qu'il a été obligé de faire pour obtenir la justice qui leur est dûe. A CES CAUSES, SIRE, plaise à V. M. & à nos Sgrs de son Conseil, sans avoir égard à l'opposition formée par les Doyens & Chanoines de l'Eglise & Collégiale de Troyes, les Doyen & Chanoines de l'Eglise Papale & Collégiale de St Urbain de la même ville, les Prieur & Chanoines réguliers de l'Abbaye Royale de St Martin, les Ministre, Prieur & Chanoines réguliers de l'Ordre de la Trinité, les Commandeurs & Chanoines réguliers de St Antoine, les Officiers de la maîtrise particuliere des Eaux & Forêts du Baillage de ladite ville, les Officiers de la monnoye, le sieur Charlot, Président du grenier à sel, les Officiers des traites foraines, les Nobles, les Officiers employés au service de S. M. ou retirés du service, les Bourgeois, Avocats, Notaires & Procureurs, les Communautés des bouchers, des vinaigriers, tonneliers, charpentiers de la même ville, les manans & habitans des tauxelles, chaillouet & des faux-fossés, à l'exécution de l'arrêt du Conseil du 9 Février 1762, dans laquelle ils seront déclarés non-recevables, ou dont en tout cas, ils seront déboutés, ordonner que ledit arrêt sera exécuté selon sa forme & teneur, & condamner lesdits Opposans solidairement en 5000 livres de dommages & intérêts envers les Supplians, applicables de leur consentement aux réparations des murs de ladite ville de Troye., & aux dépens. Les Supplians ne cesseront de faire des voeux & des prieres pour la santé & prosperité de V. M.

A la requête de Me. Paul-Augustin Moreau de Vorme, Avocat au Conseil du Roi, & des Maire, Echevins & Conseillers de la Ville de Troyes.

Soit signifié & baillé copie de la requête ci-dessus, & des autres part à M.e Roux, aussi Avocat au Conseil du Roi, & des Doyen & Chanoines de l'Eglise Collégiale de Troyes, des Doyen & Chanoines de l'Eglise Papale & Collégiale de St Urbain de la même ville, & autres leurs consorts y dénommés, & déclaré qu'attendu qu'il n'y a pas de Rapporteur dénommé, ladite requête sera remise incessamment entre les mains de Mgr le Contrôleur général au rapport duquel il poursuivra l'adjudication des conclusions d'icelle, à ce qu'il n'en ignore : dont acte.

Le vingt-six Septembre mil sept cens soixante-trois, signifié à M. LE ROUX, Avocat.

DESEIGNEROLLES.

OBSERVATIONS

Octobre 1763.

A joindre au Procès-verbal de l'administration de l'Hôtel de Ville de Troyes.

DEPUIS ce procès-verbal, dont la minute est actuellement sous les yeux du Conseil, les Opposans ont fait sur l'état général & sur les comptes particuliers à eux présentés dans le cours de cette opération, quelques réflexions & quelques découvertes, qui ne peuvent que justifier de plus en plus la nécessité de leur opposition.

1°. Petit Patrimoine.

Ils ont observé 1°. que dans l'état des revenus de la ville, le produit du petit patrimoine (qui bien économisé a suffi pendant deux siécles à l'acquit des charges de la ville,) n'y est point employé en recette: on a dit seulement qu'il y a des charges particulieres, *& que chaque hyver on en employe une partie en aumônes.* Cet emploi est sans doute très-secret, puisque le public n'en connoît que 100 ou 200 fagots, que dans les hyvers les plus rigoureux, c'est-à-dire de six ans en six ans, la ville fait distribuer aux comperes & commeres des Valets de Ville.

2°. Octroi & Rouages.

Le produit de l'octroi & du rouage, qui forment le gros patrimoine, ne ressort pour les années commencées en 1763, dans l'état fourni par les Officiers Municipaux, que pour.....38000#. pour l'octroi.

Et.................36000. } Pour le rouage & doublement d'icelui.

74000.

Cependant suivant les adjudications faites par devant Mgr. l'Intendant, en Novembre 1756, la ville s'est rendue adjudicataire de l'octroi pour la somme de..........50000.#

Et du rouage pour...40000.

90000.

De la comparaison de ces deux totaux, il en résulte un déficit de seize mille livres, ci..............16000 liv.

Or, est-il vraisemblable que la ville supporte une telle perte (si elle étoit réelle) uniquement dans la vue d'enlever au Fermier cette adjudication?

Et ce qui prouve démonstrativement que ces produits sont purement fictifs, c'est celui du rouage & doublement d'icelui porté seulement à 36000 livres, tandis que pour la moitié seulement, le produit de ce droit est tiré en recette par les Officiers municipaux eux-mêmes, dans leurs comptes des années du bail de 1756, pour une somme qui a constamment excédé de 6 à 7000 livres par année, la moitié de 36000 livres qu'ils donnent aujourd'hui pour le produit total de cet objet de perception.

En effet cette moitié est portée dans leurs comptes.

Pour...	1757.....	à......	25622.#
	1758.....	à......	24830.
	1759.....	à......	22641.
	1760.....	à......	22184.
	1761.....	à......	22123.
	1762.....	à......	25852.
	TOTAL......		143252.

Ce qui donne par année commune .... 23875.#

En doublant cette ſomme, le produit total eſt de......... 47750.

Il s'en ſuit donc, de leur propre aveu, que cet objet de perception qu'ils ne donnent que pour 36000 livres, excéde cette ſomme, par chaque année, de 12 à 14000 livres non portées en recette.

Le tout indépendamment de l'obſervation qui réſulte de ce tableau, ſur la foibleſſe du produit porté en compte dans les années 1759, 1760, 1761, pour 22000 livres, c'eſt-à-dire dans les années où l'abondance des vendanges a dû le porter au plus haut ; tandis que dans les deux premieres années il eſt de 24 & de 25000 livres, quoique dans ces deux années les vendanges ayent été infiniment moins abondantes que dans les ſuivantes.

3°. Octroi, droit ſur les vins.

Le hazard nous ayant procuré, mais par une voie très ſûre, le produit des droits tirés par les Aydes en 1760, en concurrence avec ceux de la ville, il réſulte de leur comparaiſon un défaut de conformité, qui prouve combien ſont fondées les réſerves faites au procès-verbal par les Oppoſans pour la vérification de la recette de la ville ſur celle des Aydes, & combien cette vérification eſt capable d'éclairer ſur le fond des comptes de nos Officiers municipaux.

En 1760 les Aydes ont perçu ſur 8351 muids de vin, vendus en détail, à raiſon de 5 liv. 12 ſols 6 den. par muid, 47046 liv. 3 ſols 1 den. Ces 8351 muids ont produit, au profit de la Ville, à raiſon de 2 liv. 13 ſols 4 den. qu'elle perçoit ſur chaque muid, 22269 liv. 6 ſols 8 deniers.

Sur le vin entré, les Aydes ont exercé 3311 muids, ce qui, à raiſon de vingt ſols par muid, fait 3311 livres.

Sur cette même partie la ville percevant 6 livres 15 ſols par muid, a dû tirer . . . . 22349. 5.

Cette ſomme avec celle de . . . . 22269. 6. 8. Pour le vin du detail.

Forme en total . . 44618. 11. 8.

On ne porte cependant en recette dans

le compte de 1760 pour cet # ß ₶
objet, que .... 37358.

Ce qui fait au moins une différence de............. 7260. 11. 8.

Or, où ont passé ces 7260 livres, & les bénéfices semblables sur les autres années, que justifiera la comparaison des recettes de la ville & des Aydes ?

4°. Charges des Comptes rendus à la Chambre & à Mgr l'Intendant.

Les Officiers municipaux dans l'état joint au procès-verbal, employent en charges allouées aux comptes rendus à la Chambre des Compes..2219 liv. 11 s. 11 d.

Ils employent encore les charges allouées par Mrs les Intendans pour 6155 liv. 11 sols 6 deniers.

Ce qui ressembleroit beaucoup à un double emploi, puisque dans les états alloués par Mrs les Intendans, les objets déja alloués par la Chambre des Comptes, sont repétés, avec cette seule différence, que la Chambre n'alloue que ce qui est porté en l'arrêt du 6 Avril 168. ; & que par tolérance Mgr l'Intendant alloue au-delà des objets désignés audit arrêt, de nouveaux objets de charges & de dépenses.

5°. Emprunts.

Les Officiers municipaux ont été autorisés à emprunter 153500 liv. qu'ils ont touchés depuis 1755 inclusivement ; ils ont obtenu pour cet objet le doublement du rouage, dont la perception a commencé en Septembre 1756.

Les trois premieres années de cette perception, finies le dernier Septembre 1759, ont produit à raison de 18000 livres par an, sommes dont les Officiers municipaux conviennent..... # 54000.

Ajoutez à cela les emprunts de 153500.

Cela forme une somme de... 207500.

Le prix de l'adjudication des ponts de Saint Jacques, Preize & des Mathurins, à les prendre tels qu'ils sont présentés par les Officiers municipaux, est de 201862 liv. 6 sols 5 deniers. Laquelle somme prélevée sur celle de 207500 livres 8 sols 11 den. Reste un reliqua de 5637 liv. 13 s. 7 den.

On dit cependant qu'il est dû aux adjudicataires 26451 livres 8 sols 11 deniers: on leur propose pour le retard du payement une indemnité de 6000 livres. Pourquoi ne les a-t'on pas payés aux termes portés par l'adjudication ? On étoit très en état de le faire : cela eſt prouvé *par l'état ci-deſſus*.... C'eſt un myſtere.

6°. Abus dans la perception.

Pour ſe procurer ſur cette perception des lumieres que l'on attendroit envain des Officiers municipaux, les oppoſans ont comparé les baux de 1736 à 1763, avec des quittances données par leurs Commis dans le cours de ces baux.

De cette comparaiſon qu'il ſera aiſé de développer, en cas de déni, & par la repréſentation des quittances qui ont ſervi de piéces de comparaiſon, & par un tableau des variations arbitraires dans la perception ; il en réſulte :

1°. Que les trois premiers baux de 1735, 1743, 1749 ſont littéralement les mêmes quant aux droits, à la jauge & aux exemptions.

Le 4e. de 1755, différe des trois premiers par l'addition d'un ſol pour livre. Au 5e. de 1757, la jauge de Ricey, eſt portée à 5 livres, tandis que juſqu'alors on avoit perçu qu'à raiſon de 4 livres groſſe & petite moiſon : le ſol pour livre n'y eſt pas bien clairement doublé ; mais à bon compte l'Adjudicataire s'eſt crû en droit de le percevoir double. Les exemptions diminuées de 130 muids, forment une augmentation de 1000 livres ſur la perception : les droits de cent muids pour l'Hopital ayant été évalués à 750 livres ; enfin ce bail de 1757 eſt auſſi ſilencieux que les précédens ſur les 4 ſols pour livre que l'on a toujours perçus. Le 6e. & dernier bail de 1763, prononce enfin ſur ces 4 ſols pour livre, relativement à l'arrêt du Conſeil du 28 Septembre 1756 ; quant aux autres diſpoſitions, il conſerve toutes celles qui avoient été ſucceſſivement ajoutées par les précédens, à la charge du Citoyen.

2°. Que les droits perçus en vertu de ces baux, l'ont été arbitrairement par les Commis, de maniere que ſuivant les quittances que l'on s'eſt procurées ; 1°. dans le cours de ces baux, il y a une variation de 7 deniers par muids. 2°. Dans le bail de 1749, on a levé 20 ſols d'augmentation ſur la plûpart des muids, quoique de même

même jauge & ſous la même dénomination, & énonciation de droits. 3 . Que la variation augmente encore dans le cours du 4e. bail de 1755, & l'on trouve par quittance, des muids pour leſquels on a tiré juſqu'à 8 livres 15 ſols 4 deniers, toutes choſes égales avec ceux pour leſquels on tiroit, à tout tirer, 6 livres 6 ſols 4 deniers. Au 5 . bail de 1757, on a trois quittances dans leſquelles on a tiré en ſus de tous autres droits 9 ſols pour livre, ce qui fait 20 ſols par muid.

La ſource de ces abus dans la perception, eſt ſurtout dans le peu de détail donné par les quittances ſur les différens droits, enſorte qu'un bourgeois, un cabaretier, ne pouvant, que par une combinaiſon très-difficile, parvenir à ſe procurer la connoiſſance de la nature & de la quotité des différens droits, ſçavoir ſi on lui a tiré plus qu'il ne devoit payer, ſe trouve abandonné à la diſcrétion des Officiers municipaux & de leurs Commis.

3°. Que quoique l'adjudicataire n'ait été autoriſé que par le 5e. bail de 1757 à prendre la jauge de Ricey pour proportion moyenne, & à percevoir à raiſon de cette différence de jauge imaginée à ſon avantage, 5 livres par muid au lieu de 4 livres qui s'étoient perçus juſqu'alors : il avoit fait cet arrangement de ſon autorité privée, & perçu en conſéquence dès le milieu du bail précédent.

4°. Que quoiqu'il ne ſoit fait aucune mention dans les baux, juſqu'à celui de 1763 incluſivement, des 4 ſols pour livre; cependant on voit par les quittances, que l'adjudicataire les a perçus dans le courant de tous les baux, & qu'il les a pouſſés à 5 ſols, à 6 ſols & même juſqu'à neuf dans le courant du 5e. bail, ainſi que du bail actuel : or peut-il pour cette perception avoir un autre titre que ſon bail même; envain diroit-il que les Fermiers généraux percevant l'octroi, les 4 ſols pour livre que leur bail les autoriſe à lever ſur la moitié de ce qui leur paſſe par les mains, font une loi commune pour l'adjudicataire particulier d'un octroi à partager avec eux. L'argument tiré de cette eſpéce de communauté entre les Officiers & les Fermiers ne peut être valable qu'autant qu'il ſeroit établi, non par droit de convenance, mais par un titre formel & précis, néceſſaire pour la perception de toute impoſition quelconque : or dans l'eſpéce, les 4 ſols pour livre à prendre par le Fermier ſur la moitié du produit de l'octroi, ſe trouvoient remplis par la levée de deux ſols pour livre ſur le total.

5°. Que c'eſt uniquement par le même droit de convenance, que nos Officiers municipaux dans le courant du bail de 1755, ont perçu 5 livres pour la jauge Ricey, tandis qu'ils n'avoient perçu que 4 livres ſans diſtinction de jauge, en conformité des baux, qui mettent dans la même claſſe, groſſe & petite moiſſon.

Les Maire & Echevins diſent dans l'état des charges, inſéré au procès-verbal, qu'ils ſont chargés de l'entretien de 53 ponts dont 45 en bois. 7°. Ponts.

Suivant un état exactement dreſſé de ces ponts, il eſt conſtant qu'ils n'ont à leur charge que vingt-ſix ponts en bois,

& que ſur le total, tant en pierre qu'en bois, il vient à en être défalqué cinq qui étoient répandus dans la chauſſée des Mathurins à Foiſſy, & dont les démolitions feront ſans doute un objet de recette. Les bois provenans de ces démolitions & vendus à Dauvet, voyer de la ville, ont ſans doute paru un objet trop peu important pour être inſéré au compte porté au procès-verbal, quoiqu'on y porte en dépenſe des ſommes aſſez modiques, une pour exemple de 26 livres 8 ſols.

Tandis que les Officiers municipaux ſe plaignent de la quantité des ponts en bois à leur charge, qui ne ſont cependant qu'au nombre de vingt-ſix, les bourgeois ſe trouvent chargés de l'entretien de trente-ſix autres ponts ou ponceaux, leſquels ſe rétabliſſent aux frais des riverains, tels qu'il plaît aux Officiers municipaux de les choiſir, & ſur des exécutoires dans l'intitulé deſquels on dit que ces réparations ſe font par économie. Cependant l'exécutoire donné par le Maire pour la réparation qui vient d'être faite d'un de ces ponts, dans la rue des cornes, ajoute 26 livres de frais aux 200 livres, montant du prix de la réparation, pour vacations attribuées au Greffier, au Voyer, aux valets de ville & au manœuvre, ce qui fait un huitiéme en ſus du prix de l'adjudication.

1°. Des trois écluſes que les Officiers municipaux diſent à leur charge, celle de Sancey, qui eſt la principale, a dans ſa dépendance plus de vingt arpens de terre & ſançois, loués par le manœuvre de la ville à différens particuliers, & dont le produit doit être compté pour quelque choſe en déduction de l'entretien de l'écluſe. 8°. Ecluſes.

2°. L'entretien de l'écluſe du Gouffre eſt par tiers à la charge des Chapitres de Saint Pierre & de Saint Etienne, & d'ailleurs pour tous ces objets de charges que les Officiers municipaux font ſonner ſi haut, le patrimoine & les revenus ordinaires de la ville ont toujours ſuffi, avant que l'eſprit de dépenſe ſe fût emparé de l'adminiſtration municipale.

9°. Pavés. Il en eſt de même du pavé que nos Officiers municipaux font monter à la quantité de 17000 toiſes, tant dedans la ville que dehors, mais ils ont oublié de défalquer de ce total, 1°. 700 toiſes quarrées enlevées ſous la Mairie du ſieur Rolin.

1°. Des Mathurins à St Parre..	700 toiſes.
2°. Du pont des 4 Ormes au pont Hubert, ſous la Mairie de M. Paillot..................	200.
3°. Du pont Hubert au pont Ste Marie, ſous M. Goualt....	200.
4°. De la Vierge de l'Echelle à Breviande, ſous *idem*.......	1000.
5°. Du pont de Beçon, ſur la route de Paris, ſous M Antoine Camuſat..................	400.
6°. De Notre-Dame-des-Prés à la Maladierre Ste Savinne, depuis 3 ou 4 ans.............	700.
TOTAL à défalquer....	3200.

On pourroit faire ici quelques réflexions ſur les inconvéniens que la ſuite des temps pourra faire naître de la deſtruction de ces chauſſées qui facilitoient les abords de Troyes, ſi les conſidérations *de commodo aut incommodo* avoient quelques part dans les réſolutions, & dans les vues de nos Officiers municipaux.

D'ailleurs l'entretien de ce qui reſte de pavé n'eſt point une dépenſe ſur laquelle il y ait tant à ſe recrier; on ſçait que le Domaine paye l'entretien courant de ce qui eſt à ſa charge en ce genre, à raiſon de deux ſols ſix deniers la toiſe quarrée, faire & fournir: ce que notre ville peut encore faire à meilleur marché, & en y employant les pavés provenans des démolitions des anciennes chauſſées, & en appliquant à cet objet les corvées dont elle diſpoſe de préférence à des objets de pure fantaiſie ou d'utilité particuliere.

On ſçait que quant à l'entretien des remparts, ces Officiers ont mandié des ménaces de la part des Fermiers généraux, en cas qu'ils ne réparaſſent les brêches qu'ils font monter à 700 toiſes; mais 1°. Ce compte eſt enflé au moins de 200 toiſes. 2°. La hauteur des brêches les plus ouvertes, & la riviere qui défend les au- 10°. Remparts.

tres, doivent guerir les inquiétudes ſuggérées aux Fermiers généraux. 3°. Les brêches ont de tout temps excité ſi peu la ſollicitude des Fermiers, que celle par laquelle entrerent les troupes de Henri IV, eſt encore *in ſtatu quo* : ſoit que la ville ait voulu conſerver ce monument de ſon paſſage, ſous l'obéiſſance de la Maiſon de Bourbon, ſoit que les Maires ayent regardé cet objet comme peu preſſant, ſoit que, comme le ſieur Antoine Camuſat, ils ayent fait des dépenſes conſidérables pour des réparations de cette eſpéce ; mais faites de maniere qu'elles n'ont tenu que ſix mois.

[illegible] Taille [illegible] & [illegible] Comptes.

Pour achever de faire connoître au Conſeil les Maires, qui depuis quelques années tiennent le timon de la ville de Troyes, on terminera ces obſervations par un fait notoire, publique, & ſur lequel il y a un commencement de preuve, tel que l'exigent les Loix.

Le fait eſt, que depuis quelques années, lorſqu'il y a quelques réparations à faire à l'écluſe de Sancey, ci-deſſus mentionnée, N°. 8. Nos Maires ont de leur autorité privée aſſis, impoſé & levé une contribution ſur tous les riverains, les meuniers, blanchiſſeurs, jardiniers & autres qui profitent de l'eau ſoutenue par l'écluſe dont il s'agit.

Cette contribution eſt levée par un valet de ville, porteur du rôle, lequel fait payer ſans donner de quittance, & n'en lâche qu'à la derniere extrémité, à ceux ſeulement qui paroiſſent diſpoſés à attendre & ſouffrir la contrainte. Nous avons deux de ces quittances que nous nous réſervons de produire, lorſqu'il appartiendra. Elles ſont conçues en ces termes.

Je ſouſſigné confeſſe avoir reçu de..... la ſomme de ſept livres pour les réparations du déverſoir de St Julien, faites en l'année mil ſept cent cinquante trois. Fait cejourd'hui cinquiéme jour d'Octobre 1753, ſigné, Bejois, Sergent de ville.

La ſeconde eſt auſſi ſemblable à la premiere, & écrite comme elle en entier de la main du même valet de ville, n'en diffère que par la date du 26 Août 1757, &

qu'il y est parlé de *cotte-part* des réparations.

On a bien entrevû dans les comptes de ces années, les réparations de l'écluse portées en dépense ; mais on n'y a rien vû en recette du produit de cette contribution.

Pour ne point choquer la délicatesse de nos Officiers municipaux, on s'en rapporte au Conseil sur le vrai nom que l'on peut imposer à un arrangement de cette espéce.

En joignant ces observations au procès-verbal, elles ajouteront un nouveau dégré de conviction sur la légitimité des démarches des Opposans, & sur la nécessité de porter le jour & la lumiere dans une administration ou le simple coup-d'œil découvre une telle foule d'incongruités.

Pour écarter toutes recherches, les Officiers mnnicipaux ont le 6 Septembre dernier présenté au Conseil un requête ou, sans autres moyens qu'une répetition aussi fastidieuse qu'empoullée de tout ce qui a été dit & repété de leur part, sans succès au procès-verbal, ils concluent contre les Opposans, en des réparations, & en 50000 livres de dommages & intérêts.

C'eſt ſans doute pour la premiere fois que des Tuteurs, des Agens, des fondés de procuration ont pris une pareille voie contre ceux qui leur demandoient compte. Auſſi les obſervations ci-deſſus ſeront-elles la ſeule réponſe dont on puiſſe honorer une telle production aux yeux de Miniſtres qui en ſentiront la valeur, l'objet & le but.

A Troyes, ce ſept Octobre mil ſept cent ſoixante-trois.

MÉMOIRE

Sur les arrangemens à propoſer par les Officiers Municipaux de Troyes, pour le nouveau Don gratuit.

PAR ſa déclaration du 21 Novembre 1763, le Roi venant de donner au Don gratuit des villes, une forme fixe qui en régle la durée & l'adminiſtration progreſſive, les Corps Eccléſiaſtiques, ſéculiers & Bourgeoiſie de Troyes, Oppoſans à l'arrêt ſurpris au Conſeil par leurs Officiers municipaux le 9 Février 1762, croyent ne pouvoir ſe diſpenſer de mettre ſous les yeux de S. M. & de ſon Conſeil, les motifs d'eſpérance qu'ils ont de trouver dans les arrangemens ſécondaires, relatifs à cette nouvelle preſtation, les moyens d'y fournir,

Enſuite de l'Edit d'Août 1758, & de la déclaration du 3 Janvier ſuivant, portant établiſſement du premier Don gratuit; les Maire & Echevins de Troyes offrirent à S. M. de payer dans le cours de 3 mois une ſomme de 140000 livres, pour tenir lieu des 40000 livres, pour leſquelles Troyes avoit été compriſe en l'état de fixation, & qu'elle devoit fournir pendant chacune des ſix années, que la preſtation devoit avoir lieu.

Ces offres furent acceptées, dans la ſuppoſition que l'impôt établi ſur les entrées pour fournir à cette preſtation, ne produiroit par chacune des années qu'il devoit avoir lieu, qu'une ſomme de 40000 livres, & au moyen de la remiſe faite par S. M. cet impôt établi pour 6 années, fut réduit à 4 ans, & la perception en devoit ceſſer à la décharge des habitans au premier Janvier 1762.

Cependant malgré la legereté avec laquelle il fut traité par les Officiers municipaux, & pour la perception, & pour la comptabilité, & pour l'emploi, il a produit chaque année 60000 livres & plus, de l'aveu des Officiers municipaux eux-mêmes.

Ainſi à ne prendre ce produit que ſur le pied qu'ils le préſentent eux-mêmes, ils ont par chaque année bénéficié de 20000 livres, outre les 20000 livres qui naiſſoient de la remiſe faite par le Roi, qui n'avoit reçu que 140000 livres pour 4 années, bénéfice qui devoit être uniquement employé à l'acquit des dettes.

L'aiſance que mettoit dans l'adminiſtration de la ville, la rentrée quotidienne de ſommes auſſi conſidérables, détermina les Officiers municipaux à en ſolliciter la prorogation. Ce qu'ils ont fait de leur chef, au mépris des ordonnances & des ſtatuts particuliers de l'Hôtel de ville de Troyes; leſquels exigent ſur des objets de beaucoup moindre importance, la convocation, l'aſſemblée & des délibérations des 3 Corps.

Le ſuccès a favoriſé leurs deſſeins : ils ont ſurpris au Conſeil l'arrêt de 1762, par lequel l'impôt établi en 1759 a été prorogé pour huit années à leur profit.

A la premiere nouvelle de cette arrêt, les Corps ſéculiers & réguliers, & partie de la Bourgeoisie de Troyes, se sont réunis pour y former opposition : opposition qui est devenue l'objet d'une instance pendante au Conseil.

Les moyens des Officiers municipaux sur cette opposition, se réduisent d'une part à des dettes & des engagemens par eux contractés de leur chef, à l'insçû de tous les Citoyens, & sans délibérations préalables; d'autre part, au peu de ressources qu'il leur plaît de voir dans les revenus ordinaires pour l'acquit des dettes.

A quoi les Opposans répondent.

1°. Que suivant un mémoire présenté au Conseil en 1759, par les Municipaux eux-mêmes; Troyes se trouvoit alors dans l'impossibilité de suivre dans la prestation du Don gratuit, toute l'étendue des mouvemens de son cœur : impossibilité que le laps de tems écoulé depuis 1758, a fortifiée, loin de la diminuer.

2°. Qu'une bonne partie des dettes devoit être acquittée, si l'on avoit employé à cet acquit le bénéfice que la ville avoit fait pendant l'année ſur l'abonnement avec le Roi.

3°. Que les revenus ordinaires avoient toujours ſuffi pour les dépenſes courantes.

4°. Qu'il reſtoit dans le doublement de rouage qui devoit encore durer 15 années, à raiſon de 20000 livres, une reſſource abondante & certaine.

5°. Qu'il étoit difficile d'imaginer qu'une ville, qui en 1751 ne devoit que 17000 livres, dut en 1762, près de 300000 liv.

6°. Qu'une bonne adminiſtration & une comptabilité bien claire & bien fixe, à l'égard de tous les objets de recette & de dépenſe, offroient des reſſources ſuffiſantes, ſinon pour enrichir l'Hôtel de ville aux dépens des Citoyens, au moins pour le libérer.

Frappée de ces moyens, S. M. par arrêt du 23 Juillet 1763, a ordonné que les comptes de la ville fuſſent exhibés aux Oppoſans; mais le refus de juſtification des objets capitaux de recette, les a réduits, ſur toutes les affaires de la ville, à des dires & à des obſervations générales, qu'une qu'une exacte & sérieuse vérification de la recette & de la dépense eut pû particulariser, & qu'elle particularisera, lorsque le Conseil aura ordonné cette vérification.

Une partie de ces observations est jointe au procès-verbal, une autre partie fait l'objet d'un mémoire subséquent, composé, non de lieux communs; mais de faits très-articulés; le tout est sous les yeux d'un Ministre, dont le zéle connu pour le soulagement des peuples, égale les lumieres sur le choix des ressources qui peuvent procurer ce soulagement:

Or dans cet instant critique, les Corps de Troyes implorent, & ce zèle & ces lumieres sur les arrangemens à prendre pour la levée & l'emploi des deniers qui doivent fournir à la prestation du Don gratuit réglée par la déclaration du 21 Novembre 1763.

Depuis qu'il est question de ce nouveau Don gratuit, les Officiers municipaux le regardent comme une porte ouverte à leurs prétentions & a leurs vues, pour l'enrichissement de l'Hôtel de ville aux depens des Citoyens; ils ne manqueront pas de propoſer à Mgr le Contrôleur général tous les arrangemens qui pourront favoriſer ces prétentions & ces vues.

Pour prétexte de la prorogation qu'ils obtinrent à leurs profits en 1762, ils préſenterent des dettes immenſes qu'ils ne pouvoient diſoient-ils acquitter, qu'au moyen de cette prorogation.

Ces dettes n'étant plus de miſe, ſoit depuis qu'elles ont a rédouter une exacte vérification, ſoit depuis les rembourſemens auxquels doit avoir été appliqué le bénéfice qu'ont produit l'abonnement de 1759, & la perception en entier de l'année 1763. Il ne reſte plus de reſſource aux Officiers municipaux, que dans des dépenſes à propoſer au mépris de la déclaration, par laquelle le Roi a interdit aux villes toutes dépenſes extraordinaires.

C'eſt par leurs propoſitions que Mgr le Contrôleur général pourra juger de leurs intentions & de leurs vûes.

Ils ne parlent que de la néceſſité de retablir les remparts, de caſernes à conſtruire, de boucs & lanternes à établir à l'inſtar de Paris, & de mille autres objets négligés dans les tems les plus heureux.

En un mot, rien ne leur coutera pour empêcher l'effet des vûes du Roi notifiées en l'article VIII de ſa déclaration, relativement à la remiſe progreſſive que S. M. fait à ſes peuples ſur la preſtation du nouveau Don gratuit : ils prétendront, en ſuivant leur ſyſtême, lever & percevoir l'impôt qui fournit à cette preſtation comme ils l'ont fait par le paſſé, c'eſt-à-dire, lever à chaque année 60000 liv. ſur le peuple, au lieu de la ſomme, dont S. M. voudra bien ſe contenter, ſoit en vue d'abonnement, ſoit autrement, & ils appliqueront à l'Hôtel de ville, les remiſes progreſſives que S. M. fait à ſes peuples.

L'intérêt, c'eſt-à-dire, l'état & les beſoins du peuple exigent au contraire, que l'impôt ne ſoit levé qu'au *prorata* & ſur le pied de la preſtation de chaque année : ce qu'il ſera aiſé de déterminer en prénant pour régle, & en partant des 60000 liv. qu'il a produit par chaque année, & enſuite qu'il soit diminué pour les 3 années suivantes; dans la proportion de la remise progressive accordée par le Roi à ses peuples.

Sous les prétextes qu'ils pourront imaginer, les Officiers municipaux prétendent que les affaires de la ville exigent que l'ancien arrangement subsiste à leur profit; en jugeant d'eux par ces prétextes, Mgr. le Contrôleur général se rappellera que leur administration n'a que des principes arbitraires; que toutes leurs résolutions & toutes leurs démarches sont indépendantes de ce concours des ordres qu'exigent les ordonnances & les statuts de l'Hôtel de ville; qu'un Corps municipal, Corps instantané, Corps que le hazard forme & détruit, n'a qu'une autorité précaire, dont il ne peut user que pour le plus grand bien, & dans ce cas même, subordinenment à la Communauté, à laquelle il est en tout tems comptable: qu'il est arrivé dans des circonstances moins intéressantes, que le Roi prénant connoissance par lui-même de l'administration des villes, y a corrigé des abus moins préjudiciables à ſes intérêts & à ceux de ſon peuple, que les principes qui ſe ſont emparés du Gouvernement municipal de Troyes.

Enfin ſi les Officiers municipaux, obſtinés dans leur ſyſtême, prétendoient qu'il leur eſt impoſſible de faire face aux affaires publiques, ſans un ſecours extraordinaire que celui dont ils prétendent la continuation ; en ce cas les trois Corps aſſemblés pourroient trouver parmi eux des Citoyens, qui dans l'adminiſtration des revenus de la ville, faiſant marcher de pair la dépenſe avec la recette, trouveront encore dans l'économie qui avoit régi Troyes juſqu'en 1751, des reſſources pour acquitter inſenſiblement quelques parties des dettes, dont les maximes contraires l'avoient ſurchargée depuis cette époque : le tout ſans craindre que leur conduite ſoit éclairée par les yeux de leurs commettans.

Mais quelque parti que prenne Mgr le Contrôleur général, pour le retabliſſement de la ville de Troyes, il eſt de la derniere néceſſité d'y établir, avant tout, une comptabilité, qui par sa publicité, par sa clarté, par sa l'impidité, mette les comptables dans le jour qu'ils doivent eux-mêmes desirer.

Et en particulier, sur l'objet du nouveau Don gratuit, & de la perception de l'impôt à établir pour fournir à sa prestation, on a tout à en redouter, si cet impôt arithmétiquement proportionné aux sommes auxquelles, vû l'état de la ville, S. M. voudra bien se restraindre, peut être diverti à d'autres objets; si le produit de cet impôt n'est pas entre les mains des Officiers municipaux un dépôt sacré; si pour en assurer l'emploi, il n'en est pas tenu des états séparés; enfin, si tous les trois mois ces états ne sont pas représentés & vûs par des députés *ad hoc* des Corps & Communautés qui ont formé l'opposition.

L'impôt marchant de pair avec la prestation, & la comptabilité établie, il reste encore un moyen d'en diminuer le poids en le partageant.

Par une manoeuvre, dont l'idée appartient à ce ſiécle, les Marchands ayant fait paſſer de la claſſe de la Bourgeoiſie à celle de la Robe les Avocats & les Médecins, & étant venus à concentrer dans leur Communauté les Nobles, Bourgeois & les notables, ils ſont aujourd'hui en poſſeſſion des trois quarts des places du Corps municipal, que deux ou trois familles ſont venues à partager entre elles.

Uſant de cette ſupériorité à leur avantage, dans le choix des objets qui fourniſſent au Don gratuit, ils ont affranchi toutes les marchandiſes qui leur arrivent & entrent dans la ville pour leur compte, ainſi que tous les objets de conſommation des Blanchiſſeurs & Teinturiers qui travaillent pour eux.

L'intention du Roi eſt, diſent-ils, de favoriſer le commerce. Oui, ſans doute, mais non avec un préjudice auſſi formel & auſſi préſent pour le rentier & pour le propriétaire.

En effet, ſi quelqu'un doit porter les charges d'une ville, ce ſont ceux ſurtout à qui l'air & le ſéjour de cette ville ſont le plus essentiel. Or, c'est le marchand & non le rentier & le propriétaire qu'intéresse le séjour & l'existance de Troyes. Le propriétaire peut vivre sur ses terres, le rentier par tou t; il n'y a que le marchand qui soit attaché au sol d'une ville ou, bien consulté, il doit, même à ses dépens, favoriser dans la répartition des impots les autres Citoyens, qui fatigués d'un fardeau qu'ils portent seuls, le laisseront, par leur retraite, sur les épaules des seuls marchands qui n'ont pas voulu le partager.

Les rôles de la Capitation annoncent déja, ainsi qu'en conviennent les Officiers municipaux eux-mêmes, la retraite d'un bon nombre de Citoyens, ainsi vexés, & dont le déficit dans les rôles des impôts & dans les contributions personnelles, accroissant les charges de ceux qui restent, les déterminera d'autant plus à suivre la route ouverre par les premiers.

Mais le système des marchands fut dans tous les tems, de n'appercevoir & de ne sentir que l'intérêt de l'instant.

En partant de ce système, on peut même aſſurer que ſi lors de l'établiſſement du premier Don gratuit, les marchands de Troyes avoient voulu partager les droits établis pour ſa preſtation, l'augmentation que cette addition auroit jettée dans la perception, auroit d'abord ſuffi pour le monter à un total, qui, rempliſſant toutes leurs vues, auroit écarté toute idée de prorogation. Dans le cas même où d'autres Citoyens auroient formé quelques deſſeins pour cette prorogation, les marchands revenans à leur ſyſtême inné ſur l'intérêt préſent, auroient été les premiers à former oppoſition à toute demande à cet égard.

Toutes ces conſidérations peuvent mériter l'attention de Mgr le Contrôleur général, ſurtout s'il veut bien les joindre au procès-verbal, & aux obſervations ſubſéquentes qu'il a ſous les yeux.

DÉCLARATION DU ROI,

Concernant les Octrois & autres Droits dont jouissent les Corps, Pays d'Etats, Villes, Bourgs, Colléges, Communautés, Hôpitaux, Maisons de Charité, Communautés d'Arts & Métiers, & autres.

Donnée à Versailles le 11 Février 1764.

LOUIS, par la grace de Dieu, Roi de France & de Navarre, à tous ceux qui ces présentes Lettres verront : SALUT. Par l'Article XII de notre Déclaration du 21 Novembre dernier, Nous avons ordonné que tous les emprunts des Villes, Bourgs, Corps, Colléges, Communautés, Administrateurs des Hôpitaux, Maisons de Charité, Communautés d'Arts & Métiers, & autres qui s'acquittent & se remboursent sur le produit d'Octrois ou de Droits par nous concédés auxdits Corps

& Communautés, à l'effet desdits emprunts, seroient & demeureroient suspendus en cas de guerre, du jour de la Déclaration d'icelle, s'il n'en est par Nous autrement ordonné, & qu'audit cas les deniers par Nous destinés auxdits remboursemens, seroient employés à la décharge desdits Corps & Commnnautés, & en déduction des impositions ou secours que Nous leur aurions demandés pendant la guerre, & aux dépenses extraordinaires auxquelles Nous nous trouverions forcés, & sans que dans aucun cas la suspension de ces remboursemens puisse servir de prétexte à la suspension ou retard du payement des intérêts, lesquels continueront à être payés en tems de guerre aussi exactement que pendant le paix : des vues aussi importantes pour le bonheur de nos Peuples, jointes à celles que Nous nous proposons de suivre relativement à l'établissement du meilleur ordre dans toutes les parties de nos Finances, Nous ont fait reconnoître la nécessité d'être instruit, de la maniere la plus exacte, de tout ce qui concerne la ſituation dans laquelle ſe trouvent actuellement leſdites Villes, Corps & Communautés, la nature des Droits qu'ils perçoivent, le montant d'iceux, les charges & déductions qui y ont lieu, le montant des frais de perception, l'emploi ordinaire des deniers, & le total des dettes contractées ſur le produit deſdits Droits. Les ſentimens paternels dont Nous ſerons toujours animés pour le bonheur de nos Peuples, Nous ont déterminé à porter plus loin nos recherches ; & Nous avons conſideré qu'il étoit également néceſſaire de nous faire inſtruire de l'état de toutes ces Villes, Corps & Communautés, relativement à leurs revenus patrimoniaux, & aux dettes qu'ils peuvent avoir contractées dans des tems précédents. Notre intention eſt néanmoins, pour ne pas détruire le crédit deſdites Villes, Corps & Communautés, & pour les laiſſer à portée de ne pas manquer aux engagemens précédemment contractés, que par la perception des Droits qui leur ont été accordés, & qui Nous ſeront déclarés, ne ſouffre point d'interruption ou changement, en attendant que les connoiſſances que Nous aurons acquiſes, Nous mettent à portée d'annoncer définitivement nos intentions ſur tous ces objets. A CES CAUSES, & autres à ce Nous mouvant, de l'avis de notre Conſeil, & de notre certaine ſcience, pleine puiſſance & autorité royale, Nous avons par ces préſentes, ſignées de notre main, dit, déclaré & ordonné, diſons, déclarons & ordonnons, voulons & Nous plaît ce qui ſuit :

ARTICLE PREMIER.

TOUTES les Villes, Bourgs, Corps, Colléges, Communautés, Adminiſtrateurs des Hôpitaux, Maiſons de Charité, Communautés d'Arts & Métiers, & autres qui perçoivent à leur profit des Droits d'octrois, ou autres généralement quelconques par Nous concédés auxdits Corps & Communautés, ſeront tenus d'envoyer au Contrôleur Céńéral de nos Finances, dans trois mois au plûtad, à compter du jour de l'enregiſtrement des Préſentes, des

Mémoires contenant, en premier lieu, la dénomination & la nature desdits Droits, ainsi que l'extrait de leurs titres, tant originaux qu'actuels, & les époques d'extinction de ceux qui ne sont établis que pour un tems; en second lieu, le produit annuel de chacun d'iceux, justifié par les trois derniers baux s'il y en a, sinon par le relevé du produit des dix dernieres années; en troisiéme lieu, le montant des frais annuels de ladite perception, depuis lesdites dix dernieres années, le nombre & les divers emplois de tous les préposés audit recouvrement, leurs appointemens ou autres émolumens, ainsi que la forme dans laquelle se fait ledit recouvrement; en quatriéme lieu, l'état de la dépense annuelle qui se fait sur lesdits revenus, & les motifs de chacune desdites dépenses; en cinquiéme lieu, le montant des sommes qui ont pu être empruntées sur le produit desdits Droits, le denier auquel elles ont été constituées, la somme qui est annuellement employée au remboursement desdits principaux, & ce qui en reste dû au premier Janvier 1764.

II.

Les Villes & lesdits Corps & Communautés, ou autres néanmoins que les Villages & Hamaux qui jouissent de biens fonds, seront tenus d'envoyer pareillement au Contrôleur Général de nos Finances dans le même délai, un second Mémoire contenant en premier lieu l'état de leurs revenus & biens patrimoniaux, ainsi que l'extrait, soit de leurs titres originaires, soit des autres piéces sur lesquelles peut être établie leur possession, & le montant annuel desdits revenus pendant les dix dernieres années. En second lieu, la forme dans laquelle se perçoivent lesdits revenus, le nombre, qualité, gages, appointemens ou autres émolumens des Employés, & généralement le montant annuel des frais de perception desdits revenus & biens patrimoniaux pendant lesdites dix années. En troisiéme lieu, l'état exact de leurs dépenses annuelles, ordinaires & extraordinaires, & les motifs de chacune desdites dépenses. En quatriéme lieu, le montant des sommes qui ont pu être empruntées ſur le produit deſdits biens & revenus, le denier auquel elles ont été conſtitutées, la ſomme qui eſt annuellement employée au rembourſement des principaux, & ce qui en reſte dû au premier Janvier 1764. En cinquiéme lieu, l'état exact des dettes exigibles dûes au premier Janvier 1764.

III.

Tous leſdits Mémoires & Etats de recette & dépenſe ſans exemption, ainſi que les états de ſituation, même les extraits des titres qui ſeront envoyés au Contrôleur Général de nos Finances en vertu des deux Articles précédens, ſeront auparavant certifiés véritables, & ſignés par tous les Officiers Municipaux, & autres chargés de l'adminiſtration deſdits deniers, pour ce qui concerne les Villes & Bourgs, & par tous Syndics & Adminiſtrateurs, pour ce qui concerne les Corps, Colléges Communautés, Hôpitaux, Maiſons de Charité, Communautés d'Arts & Métiers, & autres.

I V.

FAISONS très-expresse inhibitions & défenses à tous Administrateurs desdites Villes, Bourgs, Corps, Collége, Communautés, Hôpitaux, Maisons de Charité, Communautés d'Arts & Métiers, ou autres qui perçoivent des Droits ou revenus quelconques par Nous concédés, à quelque titre que ce puisse être, de continuer à percevoir tous ceux qui n'auroient pas été déclarés dans lesdits Mémoires ou Etats qui seront adressés au Contrôleur Général de nos Finances; à l'effet de quoi, voulons qu'il soit par eux déposé, dans six mois au plûtard, à compter du jour de la publication des présentes, aux Greffes des Hôtels de Villes les plus prochains, un Bordereau contenant la dénomination de tous lesdits Octrois & revenus énoncés dans lesdits Mémoires ou Etats; duquel Bordereau il sera donné communication, sans déplacer & sans frais, à tous ceux qui le demanderont: Voulons au surplus que lesdits Droits d'Octrois, & autres par Nous concédés, qui auront été compris

N

& énoncés dans lesdits Mémoires ou Etats, continuent d'être perçus ainsi & dans la forme qu'ils ont été établis, & pour la même durée qui leur avoit été assignée, laquelle néanmoins n'excédera pas celle de six années pour ceux qui n'auroient pas été valablement établis pour plus long termes; le tout, s'il n'en est par Nous autrement ordonné, en la forme ordinaire, relativement à chacun d'iceux, d'après lesdits Mémoires & Instructions qui Nous auront été envoyés, & d'après le compte qui Nous en sera incessamment rendu.

V.

VOULONS pareillement que tous Particuliers, de quelqu'état & condition qu'ils soient, même les Pays d'Etats qui jouissent à quelque titre que ce puisse être, des Droits d'Octrois, ou autres par Nous concédés ou aliénés, soient tenus de remettre dans six mois, entre les mains du Contrôleur Général de nos Finances, des Mémoires contenant l'état du produit desdits Droits & des frais de leur perception; les conditions desdites concessions & aliénations, avec l'extrait, soit de leurs titres originaires, soit des autres Piéces sur lesquelles peut être établie leur possession. Si DONNONS EN MANDEMET à nos amés & féaux Conseillers les Gens tenans notre Cour de Parlement à Paris, que ces Présentes ils ayent à faire lire, publier & registrer, & le contenu en icelles garder, observer & exécuter selon leur forme & teneur, aux copies desquelles, collationnées par l'un de nos amés & féaux Conseillers-Sécrétaires, voulons que foi soit ajoutée comme à l'original. CAR tel est notre plaisir ; en témoin de quoi Nous avons fait mettre notre Scel à cesdites Présentes. DONNÉ à Versailles le onziéme jour de Février, l'an de grace mil sept cent soixante-quatre, & de notre Regne le quarante-neuviéme. *Signé*, LOUIS. *Et plus bas* ; Par le Roi, PHELYPEAUX. Vu au Conseil, DE L'AVERDY. Et scellée du grand Sceau de cire jaune.

Registrée, oui & ce requérant le Procureur Général du Roi, pour être exécutée selon sa forme & teneur, à la charge que les dénommés aux Articles premier & deuxiéme de ladite Déclaration, seront tenus d'envoyer, dans les délais y portés, au Procureur Général du Roi, à l'effet d'être déposés au Greffe de la Cour, un double des differens Mémoires énoncés dans lesdits Articles ; & copie collationnée envoyée aux Bailliages & Sénéchaussées du ressort, pour y être lue, publiée & registrée ; enjoint aux Substituts du Procureur Général du Roi d'y tenir la main, & d'en certifier la Cour dans le mois, suivant l'Arrêt de ce jour. A Paris en Parlement, toutes les Chambres assemblées, le dix-sept Février mil sept cent soixante-quatre.

Signé, DU FRANC.

www.ingramcontent.com/pod-product-compliance
Ingram Content Group UK Ltd.
Pitfield, Milton Keynes, MK11 3LW, UK
UKHW021827190726
13853UKWH00003B/1233

9 782329 571829